Manfred Degen · Sahnestücke!
Die schönsten Satiren aus den ersten drei Bänden

Manfred Degen, Sylt-Satiriker und Kabarettist, Hofnarr und Nervensäge, hat mit seinen ersten drei Erfolgsbüchern die Norm gesetzt: Die »Freie Republik Sylt« ist zum Kultbuch avanciert, das Folgebuch »Sylt, eine Insel dreht ab« vergrößerte seine Fan-Gemeinde und mit dem dritten Buch »Sylt, der Letzte knipst den Leuchtturm aus« schaffte er den Durchbruch auch im Bermudadreieck zwischen Unaften, Klixbüll und Klaxbüll. Immer wieder widmet er sich in seinen Polemiken der Insel-Gastronomie, der Deutschen Bahn AG und den Syltern als Autofahrer, Strandläufer, Schlaumeier, Opfer und Täter. Die schönsten Geschichten aus den ersten zehn Jahren sind in diesem prächtigen Buch zusammengebunden worden.

Jürgen Tomicek, als politischer Karikaturist bundesweit bekannt, illustrierte die ersten drei Degen-Bücher. Ja, er hat sein eigenes Bild vom nackten Mann, dem die Sylter gerne in die Tasche greifen.

1. Auflage 2002
© Manfred Degen
SAHNESTÜCKE
Verlag Sylter Spiegel, 25980 Westerland
Illustrationen: Jürgen Tomicek, Titel: Kim Schmidt
Gesamtherstellung: Breklumer Druckerei Manfred Siegel KG
Printed in Germany – Mai 2002
ISBN 3-9803736-4-9

Inhalt

7	Vorwort
11	Am Bundesbahnschalter
14	Das lange Sterben von Tom und Jerry
18	Begnadete Gastgeber
22	Helmuts packender Dia-Abend
26	Der Urlauber von Morgen
29	Gottes zweiter Versuch
33	Neue Länder braucht der Mann
37	Familie Schmitz in Kampen
40	Autoschieber auf Sylt
44	Misslungener Mega-Kick
48	White Christmas
51	Müllproblem gelöst
55	Kommunikationskonfusion
59	Kalle, der Kampfraucher
62	Ballsaison auf Sylt
66	Eviva Mallorca
69	Kleine Typologie Sylter Radfahrer
74	Vom richtigen Umgang mit Promis
78	Survivaltraining auf Sylt
82	Die Bahn lebt
87	Das umstrittene Loch
91	Urlaubsplanungen mit Happy-End
95	Bei den Kiwis
98	Seemanns Braut ist die See
102	Die Spontan-Fete
106	Charming Grußdepp
109	Sammeln ist super

113	Ausflugstip Entsorgungspark
117	Ich kaufe mir eine Fahrradklingel
120	Loblied auf die Meteorologie
124	Die Welt kommt nach Sylt
127	Bädertourneen als Bildungsreisen
130	»Geld her, aber dalli!«
134	Sperma für das Sparprogramm
137	Oh, segensreiches Maklerwesen

Vorwort

Moment mal ... Sahnestücke? Die schönsten Satiren aus den ersten drei Bestsellern? Wieso veröffentlicht er denn nichts Neues? Fällt ihm nichts mehr ein? Ist er leergeschrieben, ausgebrannt, der Herr Degen? Sind ihm die Themen ausgegangen? Hat ihm einer den Schneid abgekauft oder bereitet er sich auf den Ruhestand vor? Ist er etwa nach Neuseeland ausgewandert oder brav und betulich geworden?

Geben Sie zu, dass Ihnen diese Gedanken durch den Kopf geschossen sind, als Sie so mit dem Buch in der Hand da standen und einen Moment lang überlegt haben, ob Sie es kaufen sollen oder nicht. Und dann haben Sie wild entschlossen zugegriffen und sich den ganzen Weg nach Hause über diese geniale Entscheidung gefreut. Warum? Das ist ja nun wirklich nicht schwer zu erraten.

Sie haben sich gedacht, dass Sie ein echtes Schnäppchen gemacht haben. Und das stimmt ja auch. Die schönsten Satiren aus drei Bestsellern, das bedeutet doch im Klartext, dass Sie für den Preis von einem einzigen Buch die Essenz von dreien bekommen haben, und somit nicht nur Geld, sondern auch Zeit gespart haben, da Sie ja nun viel weniger lesen bzw. sich Ihre Lieblingsgeschichten nicht mühsam selbst zusammensuchen müssen, weil Ihnen unser Sylter Kultautor diese Arbeit bereits abgenommen hat. Und da bekanntlich Zeit auch nichts anderes als Geld ist, haben Sie genaugenommen sogar ein doppeltes Schnäppchen gemacht. Ja, Sie können und sollten diesen klugen Buchkauf getrost als ersten Schritt auf dem Weg zum Reichtum betrachten. Geschmack haben Sie damit übrigens ebenfalls bewiesen: Für Sie ist das Beste gerade gut genug und statt Masse möchten Sie Klasse. Stimmts?

Mit dieser Haltung liegen Sie genau auf einer Linie mit Manfred Degen und wahrscheinlich dämmert Ihnen langsam, was für eine subtile Strategie der einzige Syltsatiriker der Welt mit diesem neuen Buch verfolgt.

Nein? Keine Ahnung? Überlegen Sie doch mal. Da hat sich einer über zehn Jahre lang die Finger wund geschrieben, seine Mitinsulaner gnadenlos an den Pranger gestellt und den typischen Syltgast auch nicht eben gut aussehen lassen. Mit dem lieben Gott, mit der Bahn AG, den Vermietern, den Kurdirektoren, den Männern, den Frauen und den Rauchern hat er sich angelegt. Nichts und niemanden hat er verschont – auch sich selber nicht.

Und das alles auf Kosten der persönlichen Beliebtheit, quasi gegen die eigene Natur. Denn Manfred Degen ist eigentlich – was seine Leser im Traum nicht vermuten würden – ein friedlicher, freundlicher, harmonieliebender Mensch, der keiner Fliege etwas zuleide tun möchte. Wenn so ein Sanftmütiger immer wieder die Messer wetzt – und den hohen Preis dafür zahlt, dass er von dem einen oder anderen nicht gegrüßt wird, wenn er samstags gemütlich über den Westerländer Markt schlendert – macht er das natürlich nicht aus Spaß, sondern weil er einer inneren Mission folgt.

Mit anderen Worten: Manfred Degen ist ein Moralist. Einer, der unermüdlich daran arbeitet, dass aus diesem so schön gedachten Eiland ein echtes Paradies wird. Eine abgeschirmte sonnenbeschienene Oase, in der Insulaner und Urlauber, Immobilienmakler und Sozialhilfeempfänger, Millionäre und Obdachlose, Westerländer und Hörnumer, Ringreiter und Porschefahrer, Rentner und Punker, Jäger und Tierfreunde, Schwule und Naturschützer, Prominente und Tellerwäscher, Putzfrauen und Kabarettisten in beglückender Eintracht mit- und voneinander leben. Nicht mehr und nicht weniger.

Für dieses Ziel war ihm kein Opfer zu groß. Er hat sogar einen krisensicheren Arbeitsplatz verlassen, auf dem er noch dazu unentbehrlich war. (Gerade erst, bei der Feier seines 10-jährigen Bühnenjubiläums, meldete sich in der Pause eine alte Dame zu Wort:»Erinnern Sie sich, Herr Degen, Sie haben mir 1989 so nett eine Fahrkarte nach Oldenburg verkauft. Kann ich mich denn heute immer noch von Ihnen am Schalter beraten lassen?« Leider nicht.) Und das ist nur ein Beispiel für die vielen Dinge, die er aufgegeben hat, als er damals seinem Leben eine tiefgreifende Wende gab und sein Schaffen ganz in den Dienst der Aufklärung stellte.

Mit seinen erhellenden Geschichten über die besondere Persönlichkeitsstruktur des Insulaners samt seiner eigentümlichen Riten und Gebräuche einerseits und die völlig anders geartete Mentalität des Sylturlaubers mit seinen besonderen Bedürfnissen andererseits wollte er Verständnis schaffen. Denn was Psychologen sich im Studium mühsam erarbeiten müssen, hat der durch sein Berufsleben im Dienst des Kunden geschulte Humorist ganz intuitiv erkannt: Wer den anderen in seiner Andersartigkeit versteht und akzeptiert, kann ihm gar nicht mehr richtig böse sein.

Woran Kurdirektoren und Marketingspezialisten der Insel sich die Zähne ausgebissen haben, Manfred Degen ist es gelungen, und das sogar auf sehr unterhaltsame Weise: den Urlaubern klar zu machen, warum hier selbst die Luft am Meeressaum ihren Preis hat (von allen Kleinigkeiten ganz zu schweigen). Gewissermaßen als Botschafter zwischen den Kulturen, als Vermittler zwischen Gast und Gastgeber, hatte er schon ganz viel erreicht. Bis, ja bis der Euro kam.

Da war Schluss mit dem Verständnis. Und zwar auf beiden Seiten. Die einen wollten partout nicht mehr einsehen, warum ausgerechnet sie nicht kräftig zulangen sollten und die anderen wollten einfach nicht akzeptieren, dass ausgerechnet sie soviel zuzahlen sollten. Schon Ostern 2002 hatten sich die Fronten total verhärtet. Es drohte ein langsames, aber sicheres Veröden dieser schönen Urlaubsinsel, und wieder war unser MD den Sylter KDs (= Kurdirektoren) weit voraus und reagierte blitzschnell. Er hatte erkannt, dass ihn diese neue Entwicklung an die Anfänge zurückgeworfen hatte, dass er wieder bei Null anfangen musste. Mitten in der Produktion seiner neuesten Geschichtensammlung, die sich unter dem Motto »Sylt hat einen Vogel – die schönsten Luftschlösser der Insel« mit den phantasievollen Großprojekten von List bis Hörnum auseinandersetzen sollte, trat er auf die Bremse. Nur wenige Monate später überraschte er seine Fans mit einem ganz anderen Buch, den besagten »Sahnestücken«, die Sie hier vorliegen haben. In dieser vermeintlich so simplen Ansammlung von Satiren aus den Anfangsjahren Manfred Degens liegt eine vielschichtige Botschaft. Was er dem Leser damit sagen will, hatten wir bereits entschlüsselt. Aber da steht noch mehr zwischen den Zeilen. Ganz dezent, doch mit unübertroffener Deutlichkeit schreibt der kritische Geist der Insel seinen Mitinsulanern hier ins Stammbuch, wie sie die Urlauber, die ihnen wegzulaufen drohen, zurückgewinnen können. Mit Rückbesinnung, mit Qualität, mit Klasse, mit dem Besten und zwar nur dem Besten, das Sylt zu bieten hat. Wer ganz genau hinsieht, wird allerdings feststellen, dass das auch noch nicht alles ist. Manfred Degen hat an seine Sahnestücke nämlich noch »vier unveröffentlichte, superfreche Bonus-Satiren« angehängt. Wer also 30 erwiesenermaßen exquisite Geschichten kauft, bekommt vier brandneue kostenlos dazu! Das ist Service.

Wo andere einfach eins zu eins die Preise umrechnen und auf gutes Wetter hoffen, ist unser Aufklärer und Vordenker seiner Zeit und seiner Insel wieder einmal zehn Jahre voraus.

Barbara Kunze

Am Bundesbahnschalter

Wie breiten Teilen der Sylter Bevölkerung und der Erholung Suchenden auf der Insel bekannt ist, war ich in einem früheren Leben einmal Bahnbeamter, das heißt, ich verkaufte Fahrkarten im Hauptbahnhof Westerland. Noch heute schrecke ich bisweilen nachts aus Schreckensträumen hoch. Es glaube doch niemand, dass ein solcher Job spurlos an dem diensttuenden Schalterbeamten vorübergeht. Viele müssen auf die Couch, weil sie 40 Stunden pro Woche dem zähen Anrennen von Fahrgästen verschiedenster Qualität ausgesetzt sind. Und manche kennen keine Gnade ...

»Guten Tag, ich hätte da mal 'ne Auskunft.« Steht da einer an meinem Schalter und sagt, er hat 'ne Auskunft. Und dabei hat er gar keine, sondern er will eine. Doch als Schalterbeamter muss man sich den absurdesten Situationen stellen. »Sagen sie mal – von welches Gleis fährt der Zug nach Hamburg?« Auch der sprachlichen Randlage der Sylter müssen Opfer gezollt werden, das nehme ich schon gar nicht mehr wahr. Zu Hochleistungen werde ich erst motiviert, wenn jemand an den Schalter herantritt, mich treuherzig anschaut und meint: »Sie können mir sicher nicht sagen, wann der Zug nach Niebüll fährt.« Eine dreiste, ehrenrührige Behauptung, die mir wie ein Kainsmal auf der Stirn brennt. Ich wälze daraufhin eifrig die Kursbücher, befrage den Computer, diskutiere das Problem kritisch mit meinen Kollegen und dann – endlich – haben wir die Antwort: »Um 13.29 können sie nach Niebüll fahren.« Schweißtropfen bilden sich auf meiner Stirn. Junge, Junge, das war kompliziert.

Doch schon wird keck die nächste Frage abgefeuert: »Komme ich von dort auch irgendwie weiter nach Hamburg.« Ich schlucke trocken, stecke den Kopf wieder in die Bücher, laufe zum Aufsichtsbeamten und frage nach. Keine Viertelstunde später: »Ja, das könnt' was werden. 16.04 trifft der Zug dann in Hamburg ein.«

»Und habe ich da Anschluss nach Hannover?« Mich trifft der Schlag. Woher soll ich wissen, wo Hannover liegt? Ich räume mit einem ausholenden Armschwenk meinen Schreibtisch leer und falte die Dienst-Landkarte auseinander. Tatsächlich – auf der Nebenstrecke Peine – Pattensen – Paris liegt Hannover. Begeisterung auch bei meinen Kollegen. Sie konnten mir zwar nicht helfen, aber es war doch gut, dass wir mal drüber gesprochen haben ...

Ich greife mir das Kursbuch und wusele mich durch die Tundra und Taiga südlich von Hamburg. Kleine, schwarze Zahlen verschwimmen vor meinen Augen. Doch dreißig Jahre Berufserfahrung triumphieren! »Ja, sie haben sogar Intercity-Anschluß. 16.44 Uhr geht's weiter und 18.13 laufen sie dann in Hannover ein.«

Ich sinke matt in meinem Drehstuhl zurück. Jeden Tag bis an die Leistungsgrenze. Und darüber hinaus. Die Schlange an meinem Schalter wächst im Minutentakt. Sie windet sich mittlerweile durch die Bahnhofshalle bis hin zum Taxistand am ZOB. Zwei PDS-Funktionäre aus Passin sehen das, werden von ihren Erinnerungen übermannt und stellen sich wie in Trance hinten an, obwohl sie eigentlich eine Tasse Kaffee im ›Entrè‹ hatten trinken wollen.

Der Typ vor mir, von Habitus und Sprachverwahrlosung her ein Hörnumer Strandräuber auf Freigang, hat sich regelrecht festgebis-

sen. In seinen Augen flackert irrer Glanz. »Und wie komme ich dann weiter nach Braunschweig?!?« Eine Frage wie ein Peitschenhieb. Unerbittlich, erbarmungslos. Umgehend sind alle Mitarbeiter des Reisezentrums mit der Lösung dieses Problems befasst. Ich wähle hektisch die Rufnummer des archäologischen Fachbereichs der Uni Kiel, denn aus der wartenden Menge höre ich den Hinweis, Braunschweig heiße doch diese berühmte Wikingersiedlung an der Schlei. Endlich kommt, von Bahnpolizei eskortiert, unser Chef zu Hilfe. Seine Frau hätte neulich im Supermarkt ein viertel Pfund Braunschweiger gekauft. Also müsse es doch auch einen entsprechenden Ursprungsort geben. Und tatsächlich. Nach einem aufwendigen Upgrate finden wir tatsächlich den Begriff ›Braunschweig‹ im Computer.

Inzwischen ist die Warteschlange derart angewachsen, dass die Polizei den Verkehr weiträumig um den Bahnhof herumleiten muss. Die ersten Schlafsäcke werden ausgerollt, das DRK heizt die Gulaschkanonen an und die beiden postsozialistischen Anorakträger aus Mecklenburg-Vorpolen bieten ein Fachseminar an: »Schlange stehen – Religionsersatz oder Sollbruchstelle im Sozialgefüge?« Dann endlich spuckt unser Rechenknecht die ersehnten Daten aus: Anschluss in Hannover nach Braunschweig um 18.42 Uhr. Im Reisencenter tobt das Publikum vor Begeisterung, um den Bahnhof herum tobt das Chaos. Die katholische Bahnhofsmission hat Zelte auf dem Vorplatz errichtet, in denen Verbände gewechselt, Beichten abgenommen und vermisste Kinder registriert werden. NDR und n-tv berichten bundesweit live via Satellit. Der Weihbischof der Bahnhofsmission dopt mich intravenös mit Traubenzuckeroblaten, so dass ich das angeforderte Fax des Bundesnachrichtendienstes mit einem Blick in seiner Letztendlichkeit erfasse. Ich schaue dann mein Gegenüber, meinen Peiniger triumphierend an: »19.30 an Braunschweig!«

Dem hat er nichts mehr entgegenzusetzen. Oder doch? Langsam zieht er einen Zettel aus der Tasche. Alle Kameras und Mikrofone sind auf ihn gerichtet. Was will er denn nun noch? Er schaut auf seinen Zettel und meint: » Stimmt. Dieselbe Auskunft hat man mir im Bahnhof Braunschweig auch aufgeschrieben. Diie Fahrkarte hole ich mir dann im Reisebüro. Und vielen Dank für die Umstände.«

Das lange Sterben von Tom und Jerry

Irgendwann, wenn der Knabe zum Manne wird, erfährt er, dass es nicht nur Fischstäbchen und Presskrebsfleisch gibt, sondern auch richtige Fische, die nur darauf warten, per Angel an Land gelupft zu werden. Wo wir sie dann lecker grillen, räuchern, kochen oder dünsten. Gerade hier auf Sylt gibt es begnadete Petri-Jünger ohne Zahl. Viele Insulaner – so hat man den Eindruck – kommen schon mit einer kleinen Angelrute zur Welt. Ja, da muss man halt mitmachen, will man nicht dumm auffallen. Da kann niemand aus der Reihe tanzen – und wer will das auch schon ...

Obwohl ich den Wagen sanft abbremste, schwappte das Wasser bedenklich über den Eimerrand. Aber egal, denn es rückte der Augenblick der Befreiung immer näher. Ich nahm den Eimer, kletterte über einen Zaun und stapfte durch die quatschnasse Wiese bis zum Siel. In meinem Behältnis schwammen zwei Brassen, putzmuntere Fische, die ich zuvor höchstpersönlich aus dem Wasser gezogen hatte. Geangelt, weil alle meine Freunde ständig auf mich einredeten, dass Angeln zum Leben eines wahren, kernigen Mannes gehöre – so wie eine Harley, Blondinen und Bölkstoff. Dabei denke ich mit Schaudern an meinen ersten Angelversuch vor 12 Jahren zurück, bei dem ich vor lauter Langeweile im Stehen einschlief und beim ersten schwachen Anbiss, vornüber ins Wasser klatschte.

Also holte ich, Opfer angeblich gut gemeinter Einredungen, vor einigen Tagen erneut meine Hungerpeitsche vom Boden und fuhr am folgenden Morgen in bibbernder Kälte zum Keitumer Siel. Dort stand ich mir die Füße platt, badete die mitgebrachten Würmer, dachte über den Sinn des Lebens nach, erlebte den archaischen Schock des Triumphs in Gestalt des Gedankens:»Mensch, da hat einer angebissen!« und drillte als Petri-Lohn zwei prächtige Brassen. Ja, vom Haken gelöst habe ich sie dann noch, wobei sie mich wortlos und mit weit aufgerissenen Augen anglotzten – und in dem Moment wurde mir zu allem Überfluss auch noch klar, woher mein Zahnarzt sein verächtliches Menschenbild hat.

Sie, die Fische, dann jedoch vom lebenden in den verzehrfähigen Zustand zu transformieren, dazu sah ich mich, der ich mein Leben in christlicher Demut zu inszenieren pflege, außerstande.

Und darum schloss sich jetzt und hier am frühen Morgen, am kalten Siel der Kreis, darum fühlte ich mich als Unhold, der gramgebeugt zum Tatort zurückkehrt, um ungeschehen zu machen, um wieder gut zu machen, kurz: um meinen schuppigen Freunden die Freiheit zurückzugeben.

Denn weil die beiden nach meinem erfolgreichen Fischzug über zwei Tage lang bei mir zu Hause die Badewanne besetzt hielten, war Handlungsbedarf entstanden. Schließlich begannen meine Frau und ich langsam zu riechen. Die Wanne musste in ihre ureigene Funktion zurückversetzt werden. Also zog ich mir ein Sixpack Flens rein, um meine Hemmschwelle 'runterzureißen, und beschloss dann, die in vielen Hollywood-Filmen bewährte Tötungsart des Stromschocks anzuwenden. Außerdem fließt aus den Sylter Steckdosen zu über 80% Atomstrom, so dass diese Variante ganz sicher und auch ganz besonders tödlich sein würde.

Zu diesem Zwecke versetzte ich ›Tom‹ und ›Jerry‹, wie ich die beiden aufgrund der entstandenen Vertrautheit liebevoll getauft hatte, hinterhältig und mit in Bier getränktem Weißbrot in Trance. Dann nahm ich meinen alten, defekten Braun-Rasierapparat, rammte den Stecker entschlossen in die Dose und warf das Gerät ebenso skrupel- wie gnadenlos sowie mit geschlossenen Lidern in die Wanne.

Ich vernahm einen Knall und öffnete bebenden Herzens die Augen, hoffend, zwei mit den Bäuchen nach oben schwimmende und sanft entseelte Brassen vorzufinden. Doch nichts dergleichen. Ich Torfkopp hatte den klassischen Fehler von Ersttätern gemacht und die Länge des Kabels außer Acht gelassen. So war der Rasierer nur auf den Badewannenrand geknallt und hatte ihn großflächig

entemailliert. Der wesentliche Beitrag zu meiner Mittagessensidee ›Tom & Jerry á la Provence an kressiertem Sahnemerrettich‹ schaute mich vertrauensselig und schnullermundig an und gierte nach frischem Weißbrot – was ich ihnen mit Tränen der Rührung in den Augen prompt zuwarf.

Doch die Lust auf gedünstete Brassen – vielleicht lieber mit brutalen Bratkartoffeln und Salaten der vorigen Saison? – kehrte zurück, der Hunger wurde immer ätzender, ich immer entschlossener und die Entscheidung immer klarer: Tom und Jerry mussten dran glauben, koste es, was es wolle.

Mutig gab ich eine Anzeige im Sylter Spiegel auf: »Erfolgreicher, aber pazifistischer Angler hat Hunger: Wer erschießt meine Brassen?« Als einziger meldete sich Paul Paulsen aus Rantum, angeblich Jagdlizenzinhaber seit 27 Jahren. Nachdem er bei einer Treibjagd im Listland ein Kaninchen mit einem Zuchtschaf verwechselt hatte, war er zu keiner Jagd mehr zugelassen worden und hatte somit seit vier Jahren nichts mehr vor die Flinte bekommen.

Ich packte Tom und Jerry in den Blecheimer und fuhr mit ihnen vorsichtig im zweiten Gang nach Rantum. Paul Paulsen hatte seine doppelläufige Flinte schon entmottet, einen zünftigen Lodenmantel angezogen und mit zittrigen Fingern zwei Patronen in den Lauf gedrückt. Auch seinem schwachsinnigen Jagdhund brannte vor Aufregung fast die Sicherung durch.

Ich sagte Tom und Jerry, dass sie gleich einem Ereignis beiwohnen würden, das Brassen üblicherweise nicht zuteil wird und ging dann in Deckung. Zwei Mords-Detonationen erschütterten das Dorf, etwa so, wie wenn ein Tornado-Geschwader die Rantumer Schallmauer zerbröselt. Als der Schwarzpulverschleier sich langsam lichtete, erblickte ich meinen Weißblecheimer in neuer Funktion, nämlich in der eines heiteren Springbrunnens.

Paul Paulsen, diese Niete, hatte zu tief angesetzt und meinen schuppigen Begleitern nicht das Leben, sondern nur das Element genommen. Auf weitere Schussübungen Paul Paulsens verzichtete ich trotz seiner heftigen Proteste und dem wütenden Gebell seiner Töle. Ich brach das Experiment mit dem Hilfstrapper von Rantum kurzerhand ab.

Nun stand ich also erneut am Siel, verabschiedete mich von Tom und Jerry und sagte ihnen, dass sie von nun an wieder für sich selbst verantwortlich seien. Nach der Ermahnung, immer schön rechts zu schwimmen und meiner Zusicherung, einmal in der Woche mit in Bier getränktem Weißbrot vorbeizuschauen, übergab ich die beiden kaltblütigen Burschen der Mutter Natur.

Endlich konnte ich nun, nach kräftiger Entschuppung meiner Wanne, auch mal wieder ein Duschbad nehmen. Darauf arbeitete ich meinen Schreibtisch leer und brauchte am Abend mein Bier auch nicht mehr mit den Brassen teilen.

Warum ich das alles erzähle? Weil ich am vergangenen Mittwoch die Anzeige eines neuen Fischrestaurants in der Zeitung entdeckte:»Spezialität des Hauses: Keitumer Brassen in Bierteig, an jungen Kartoffeln in Korrespondenz mit einem Dialog junger Gemüsen.«

Adieu, Tom und Jerry, ich verspreche es: Euch zu Ehren werde ich zum Vegetarier. Nur noch Flens und Weißbrot – anderes kommt mir nicht mehr ins Glas und auf den Teller ...

Begnadete Gastgeber

Wie die Eskimos im arktischen Nordamerika und die Bantus im zentralen Afrika pflegen die Ureinwohner der Freien Republik Sylt den schönen Brauch der Gastfreundschaft, vor allem natürlich in der Hauptsaison. Wobei positiv zu vermerken ist, dass die Freude der Sylter um so größer ist, je überraschender dieser Besuch kommt, je länger er verweilt und je größer Durst und Appetit sind. Daher auch der vielen Mitbürgern unverständliche Vorschlag meines Freundes und Nachbarn Olli Ohmsen, einen leeren Kühlschrank in unser insulares Staatswappen aufzunehmen...

»Schatzi,« flöte ich in Richtung meiner Frau, »stell dir vor, ich habe nächstes Wochenende frei. Da können wir doch mal was Nettes unternehmen. Aufs Festland fahren oder ins Kino gehen oder so.« Sie jedoch schaut mich verdutzt an und antwortet: »Ojeh – ich habe völlig vergessen, dir zu sagen, dass wir übers Wochenende Besuch bekommen. Die Koschinskys aus Castrop-Rauxel haben sich angemeldet.«

»Welche Koschinskys um Himmelswillen?« – »Na, die, die wir auf Mallorca kennen gelernt haben. Er hat dir doch beim Skat dein ganzes Geld abgezockt und die Spanier hat er immer als Ausländer bezeichnet. Naja, und beim Abschied hast du dann der ganzen Sippe angeboten, sie möge doch mal vorbeischauen, wenn sie hier in der Gegend ist. Ich finde, das könntest du dir auch mal abgewöhnen. Jetzt haben wir den Salat.«

Ich erblasse, schnappe nach Luft und versuche es mit Deeskalation: »Na gut, dann werden wir das Wochenende eben zu viert verbringen. Wird bestimmt gemütlich.« – »Das sehe ich nicht so. Koschinsky erwähnte am Telefon, dass seine drei Kinder sich auch schon auf Sylt freuen.«

Es ist Freitagnacht, kurz nach elf. Mein Haus ist rappelvoll, meine Ruhe dahin, mein Frieden bedroht: Jupp Koschinsky ist da. Und Barbara, seine Frau. Sie besteht darauf,»Barbie« genannt zu werden. Walküre wäre treffender. Und Angelika, das Töchterlein. Mit ihrem Freund Enrico. Und das spätgeborene Wunschkind Berti, eine verzogene Rotznase mit Stimmbändern wie ein Aalverkäufer. Und Struppi, der Köter, ein kleiner, giftiger Großstadtneurotiker.

Während»Barbie« uns mit langen Stauberichten aus dem Elbtunnel und von der Autoverladung in Niebüll nervt, plündert Jupp den Kühlschrank, knallt sich mein Flensburger rein und verfüttert den Putenschinken an Struppi. Aber ich bin ja selber Schuld – warum musste ich ihnen jovial anbieten, sich wie zu Hause fühlen zu sollen, ich alter Esel?!

So gegen zwei Uhr nachts geht's an die Zimmerverteilung. Weil Jupp – Figur wie Ottfried Fischer, Sprachfehler wie Jürgen von Manger – schnarcht wie ein erkälteter Grizzly, besteht seine Frau auf einem Einzelzimmer, möglichst Ostlage. Okay, okay, wir kapitulieren bedingungslos, übergeben alle Räume den westfälischen Horden und rollen im Wohnzimmer unsere Schlafsäcke aus. Ich schlafe unruhig, träume von unerreichbaren Südseeinseln und Meteoriten, die sich krachend auf Castrop-Rauxel stürzen.

Es ist Samstagmorgen. Jupp poltert herein ohne anzuklopfen, mit brennender Zigarette und ausgeballerter Unterhose. Ob ich nun nicht langsam mal losmarschieren wolle, um all das heranzuschaffen, was man für ein kräftiges Frühstück benötigt. Bei der Gelegenheit könne ich doch auch gleich seinen Köter, diesen halsbandlosen Steuerhinterzieher, Gassi führen. Und während ich mich gerädert und genervt aus meinem Schlafsack wälze, zappt er sich durch unsere Kabelfernsehprogramme.

Nach dem Frühstück, bei dem wir Barbies Lockenwickler ebenso kennen lernen wie Berties Gabe, die Marmelade gleichmäßig auf dem Brötchen, der Lampe und dem Telefon zu verteilen, schlage ich unserem Besuch eine Strandwanderung vor. In der Zeit könnten meine Frau und ich ja alle weiteren notwendigen Einkäufe erledigen. Das finden unsere Gäste toll. Schnell haben sie den Einkaufszettel für uns zusammengestellt: Zigaretten, Bier, Hundefutter und

Nutella. Diese Grundnahrungsmittel dürften wir keinesfalls vergessen. Im übrigen seien sie es gewohnt, dass Punkt halb eins das Mittagessen auf dem Tisch stehe. Das sei speziell für Jupp enorm wichtig, weil sonst sein Blutzuckerspiegel abstürzt.

Beim Mittagessen dann erzählt Barbara, äh »Barbie«, dass sie in der Friedrichstraße Bekannte aus Wanne-Eickel getroffen und sie kurzerhand zum Kaffee bei uns eingeladen hätten. Das sei uns doch sicher recht. Sicher, sicher.

Eine fabelhafte Kaffeerunde. Elf Personen, die alle gleichzeitig quatschen. Westfälisches Bauerntheater live auf Sylt. Warum nur drückt Jupp seine Zigaretten immer in meiner Untertasse aus? Am Schluss dann massive Drohungen der hemdsärmeligen Ureinwohner von Wanne-Eickel: »Äärlich«, es habe ihnen prima gefallen bei uns und wir sollten mal »nich traurich« sein, sie kämen morgen bestimmt wieder.

Doch der Wahnsinn findet tatsächlich noch eine Steigerung! Das Telefon bimmelt und unsere eigenen, halbwüchsigen Sprösslinge kündigen an, sie würden nun doch zum Wochenende nach Hause kommen – mit Freunden, die auch gern mal die berühmte Insel der Reichen und Schönen kennen lernen wollten. Der schwedische Austauschschüler des Freundes meiner Tochter sei auch mit von der Partie, inclusive Freundin, versteht sich. Ich beginne, nach-zurechnen: Meine Frau und ich plus die fünf Koschinskys sind sieben plus die Brut vom Festland nebst Anhang macht dreizehn. Dreizehn Schlafplätze werden ergo benötigt!

Ich greife mir meinen sechsjährigen Sohn – für ein Gespräch unter Männern. »Hör mal«, sülze ich auf ihn ein, »dies ist eine Notsituation.« Ob er wohl bereit sei, zwei Nächte draußen im Auto zu schlafen? »Klar, Alter, null Problemo. Allerdings nur bei einer sofortigen, 50-prozentigen Taschengelderhöhung.«

Anschließend klingele ich bei meinem Nachbarn. »Na, was fehlt ihnen denn diesmal, Herr Degen? Zucker, Olivenöl oder Kleingeld?!« – »Nein, diesmal was ganz anderes. Sagen sie, kann ich meine Tochter für zwei Tage bei ihnen einquartieren? Dafür mähe ich auch die nächsten vier Wochen ihren Rasen.« Nach meiner Zusage, darüber hinaus auch noch sein Auto zu waschen und den Garten umzugraben, willigt er gnädig ein. So etwas nennt man wohl Nachbarschaftshilfe.

Immerhin, es ist geschafft. Auch unsere Schlafsackliegeplätze stellen wir der Meute zur Verfügung. In den Rhythmus der Heavy-Metal-Bässe, die mein Haus durchschütteln, mischt sich das Ploppen aufspringender Bierbuddeln.

Es ist nachts, so schlapp gegen eins. Der Abwasch ist gemacht. Alle Zimmer sind mehrfach belegt. Mit zwei alten Decken unter dem Arm und Ringen unter den Augen schleiche ich mich mit meiner Frau nach Tinnum zum Abstellbahnhof. Wie Diebe in der Nacht klettern wir über die Gleise und steigen in den Berliner D-Zug. Dort ziehen wir uns und die Sitze aus und legen uns nieder. Ein Königreich für einen Schlafplatz.

Und kurz bevor süßer Schlaf sich meiner bemächtigt, säusele ich meinem Weibe noch sanft ins Ohr: »Aber das nächste Wochenende lassen wir nicht verhageln, das ist ganz allein unser, okay, Baby?«

Doch in diesem Moment richtet sie sich mit gebrochenem Blick noch einmal auf: »Ich fürchte, da gibt's ein Problem. Nächsten Freitag kommen die Hannemanns. Na, du weißt doch – der dicke Transpirant mit der schrillen Blondine vom Weinfest in Rüdesheim.«

Helmuts packender Dia-Abend

Wenn draußen die Stürme toben, die Häuser sich hinter die Dunen ducken und nur kurze Tage von langen Nächten abgelöst werden, dann rücken wir Insulaner alle ein wenig enger zusammen, besuchen uns gegenseitig, bringen auch etwas zu essen und zu trinken mit, pflegen alte Freundschaften und treue Nachbarschaften. Die Petroleumlampe knispelt, das Kaminfeuer knaspelt, und wir sitzen mit roten Nasen um den großen Tisch herum und erzählen uns mitreißende Geschichten von langen Reisen in ferne Länder ...

»Moin, Moin, Manfred, hier ist der Helmut.« Oh Gott, was will der denn? »Du, wir zeigen morgen Abend unsere Urlaubsdias vom Schwarzwald. Ihr seid herzlich eingeladen. Um acht geht's los. Aber seid bitte pünktlich!«

Das fehlt mir noch. Ein Dia-Abend bei Helmut. Dann lieber 'ne Woche im Steinbruch arbeiten. Aber mein Dienstplan wird mich retten. »Mensch, Helmut, das tut mir echt leid. Aber ich habe morgen Spätdienst. Wir können nicht kommen.« – »Aber nein, das habe ich längst alles geregelt«, kommt es da frech aus dem Hörer. »Ich habe mit Peter gesprochen, er übernimmt deinen Spätdienst. Dafür wirst du am Sonntag seine Tour machen.«

Also, da fällt mir vor Schreck doch der Tortenheber aus dem Mund. Verschachert der Typ meine Schichten, nur damit er genügend Claquere für seine verwackelten und in jeder Hinsicht unscharfen Dias bekommt.

»Ja, aber«, begann ich einen letzten Abwehrversuch – ohne Erfolg: »Nun mach nicht 'rum, Alter. Bring deine Frau mit. Lecker Essen gibt's auch bei uns.«

Oh, das hat den Charakter einer Strafverschärfung. Beim letzten Mal hat er auch »lecker Essen« versprochen. Und was gab's? Kal-

ten Käse und warmes Bier. Hautausschlag habe ich davon bekommen. Und beim Abschied hat mir mein Magen geknurrt.

Nun ja, ich füge mich in mein Schicksal, das unausweichliche. Ich könnte ja während der Darbietungen ein wenig pennen, das merkt bestimmt niemand. Außerdem werde ich schon dafür sorgen, dass wir etwas früher gehen. Ich habe da so meine Methoden.

Helmut ist mein bester Freund, ein ausgesprochen zuverlässiger Typ. Meinen Bohrfutterschlüssel und meinen Rasensprenger hat er schon seit zwei Jahren, vorausgesetzt, er hat die Sachen nicht schon weiterverliehen. Ist ja eh egal, denn ich habe den Rasensprenger auch nur von meinem Nachbarn Olli von schräg gegenüber gepumpt.

Am nächsten Abend, zwanzig nach acht, tauchen wir bei Helmut auf. Rita, seine Frau, öffnet und strahlt uns schon wie ein Diaprojektor an. Die Tochter des Hauses ist anwesend, mitsamt ihrem an Ohren und Nase gepiercten Freund Hannes, der, dem Gesichtsausdruck nach zu urteilen, gleichfalls zwangsrekrutiert wurde. Unsere Blicke treffen sich mit dem Ausdruck tiefer Solidarität. Hannes hat sich schon mehrere Biere reingeknallt. So leicht lässt sich die Jugend von heute korrumpieren.

Des Weiteren begrüßen wir Dr. Meiermann nebst Gattin. Er trägt einen dunklen Anzug mit Krawatte, und sie isst mit spitzen Fingernägeln gesalzene Erdnüsse.

Gerade will ich mich auf den einzig bequemen Sessel lümmeln, scheucht Helmut mich wieder hoch und schickt mich aufs Sofa, eines von diesen unmöglichen Sitzgelegenheiten aus diesem unmöglichen Möbelhaus. Derart niedrig, dass man beim Sitzen mit den Knien gegen die Ohren stößt.

Kaum habe ich mich auf das sogenannte Sofa gequetscht, wird es ernst. Jegliche Hoffnung auf einen menschenwürdigen Verlauf vergeht, als Helmut stolz verkündet, dass er 380 Dias ausgewählt habe, die zu sehen wir nun die Ehre hätten. Er habe sie zwar noch nicht sortiert, aber wir sollten halt nicht noch länger warten müssen.

Die ersten beiden Bilder stecken verkehrt herum und müssen erst umständlich umgefummelt werden. Und dann geht es los: Rita steigt ins Auto, Rita auf dem Autozug, Rita mampft in der Autobahnraststätte eine Bratwurst, Rita auf'm Balkon in Titisee, Rita mit Rucksack und Bundhose.

Das klingt eintönig, ist es aber nicht, weil die Bildqualität wechselt: Mal Rita unscharf, mal Rita verwackelt, mal Rita ohne Kopf. Dazu dann Helmuts Erklärungen. Er quasselt ohne Punkt und Komma, ohne Luft zu holen:»Und da waren wir am Schluchsee wo wir so schon Kaffee getrunken haben da trafen wir dann diese netten Mullers oder Meiers oder so aus Wilhelmshaven oder wo waren die noch her Rita na isja egal ach Schau mal da wollte ich ein Eichhörnchen fotografieren na ja ist halt nichts geworden, ich glaub das Bild hätte ich lieber weglassen sollen undsoweiter undsofort.« Und als Dr. Meiermann, dieser abgehalfterte Oberveterinärrat aus Königsberg sich eine Fehlbrandzigarre anzündet, ist für mich der Zeitpunkt gekommen: Mit der Hand ertaste ich unauffällig den Stecker in der Dose direkt neben mir. Ein Griff, ein kräftiger Ruck – und es ist dunkel.

Die Mädels juchzen, Hannes rülpst, und Dr. Meiermann beginnt zu dozieren:»Bei uns im Institut damals in Königsberg ...« Da falle ich ihm abrupt ins Wort:»Mensch, Helmut, Stromausfall auf der Insel! Wir müssen sofort nach Hause und unsere Kühltruhe isolieren. Sonst tauen uns die Vorräte für den atomaren Ernstfall weg!« Kaum habe ich das letzte Wort gesprochen, flackert das

Licht wieder an. Ein bitterböser Blick von Helmut trifft mich, nachdem er den Stecker wieder reingestöpselt hat. Zur Strafe schiebt er mir den Couchtisch, Typ spätes Neckermann, so dicht vor den Bauch, dass ich mich nicht mehr bewegen kann.

Nach gut zwei Stunden gönnt der Vortragskünstler seinem Publikum eine Pause. Ich nehme Augentropfen und versuche durch autogenes Training mein derzeitiges Defizit an Lebensfreude wettzumachen. Den mir bewilligten Toilettenaufenthalt von dreieinhalb Minuten zögere ich durch das Studium der dort herumliegenden Playboy-Hefte hinaus. Mein Wunsch, dass man mich, den Saboteur, hier mutwillig vergessen möge, erfüllt sich nicht. Durch das Ein- und Ausschalten des Lichtschalters und hartes Klopfen an die Tür, tut der Hausherr mir unmissverständlich kund, dass meine Anwesenheit weiterhin gefordert wird.

Auf dem Rückweg gelingt es mir noch, aus dem Kühlschrank einen Teller mit kaltem Braten und zwei gekühlte Bier zu angeln. Beim Hereinkommen murmele ich was von »Beine eingeschlafen« und »am Esstisch sitzen« wollen. Ritas Stechpalme nimmt mir gnädig die Sicht auf die Leinwand So kann ich mir in Ruhe das Bier reinsaugen und den Braten wegputzen.

Irgendwann muss ich dann weggedämmert sein. Leider hat Helmut mein leises Schnarchen mitbekommen und mich sofort geweckt:»Schau mal Manfred da waren wir auf dem Feldberg und da konnte man fast bis nach Freiburg sehen da wohnt nämlich mein Schwager den haben wir aber nicht besucht weil der gerade in Spanien Urlaub macht ach ja in Spanien waren wir letztes Jahr die Bilder können wir uns anschließend noch anschauen.«

Da knallt bei mir die Sicherung durch. Ich greife meine Frau, rufe etwas von »kaltem Schweiß«, »Unwohlsein« und »bevorstehendem Kreislaufkollaps« und stürme zum Ausgang. Das Letzte, was ich höre, ist die nasale Stimme von Dr. Meiermann:»Aber Herr Manfred, ich möchte sie doch noch gerne für nächsten Donnerstag einladen zu meinem Diavortrag: ›Das Pferd, unser bester Freund. Ein Wochenende in Trakehn.‹ Glauben sie mir: Wunderschöne Schwarz-weiß-Aufnahmen!«

Der Urlauber von Morgen

Ostern, das traditionelle Fest der Auferstehung des Frühlings, ist vorbei. Wir haben die Eierschalen unter den Teppich gekehrt, die Nougatflecken aus dem Damast gebürstet und stellen uns mit Inbrunst dem Leben. »Auf ein Neues«, rufen wir frohgemut und wenden uns elanvoll den Dingen zu, die wir am besten können: An unabänderlichen Gegebenheiten herumnörgeln und mit leerem Wortgedröhne den Tag füllen. Zwar schrumpft unsere Insel beinahe täglich, aber wozu sind wir Deutsche Meister der Verdrängung? Der Ostwind wird's schon regeln. Wenn er das salzige Meerwasser Richtung England pustet, wird der Weststrand so breit wie die Sahel-Zone. Dann schmilzt der blanke Hans zur Lachnummer. Doch wenn der Ostwind weht, steigen auch die Immissionswerte. Aber egal, die paar Partikel sehen wir ja nicht...

Endlich naht Pfingsten und die Gäste strömen in großer Zahl herbei. Sie verleihen unserem Tag neue Inhalte. Und wir Sylter lernen, wenn auch zögerlich, dass der Mensch noch facettenreicher und vielfältiger sein kann, als wir uns das in unserer pinseligen Einfalt vorzustellen vermochten.

Nun hat die Bahn AG den lobenswerten Versuch unternommen, den idealen Syltgast zu erschaffen und ihn hernach herbeizuschaffen. Dieser Typus zeichnet sich dadurch aus, dass er auch Saisonrandlagen nicht scheut, nicht das Auto sondern Bahnen und Busse benutzt, und, da er die Anreise besonders preisgünstig gestaltet, auch noch mit einem kräftigen Kaufkraftüberhang ausgestattet ist. Außerdem schmutzt er nur wenig. Dennoch ist es diesem pflegeleichten Gast noch ganz nicht gelungen, sich in die Herzen der Sylter einzuknuddeln.

Nein, der Sylter gibt sich nicht mit Halbheiten zufrieden, er fordert von der Evolution den ganz großen Wurf, den stromlinienförmigen, genmanipulierten Hochleistungs-Hybridgast, durchklont und abgemendelt, mit hohem Einkommen und geringen Ansprüchen.

Denn was beim Autokauf möglich ist – großzügiger Wendekreis, hohes Sozialprestige, Knallsack auf Wunsch, doppeltvermuffelte Querlenkerdüsung und innenbeleuchtete Sitzheizung mit Mehrwertsteuerausweisung – sollte durch die moderne Gen-Technologie auf den zeitgemäßen Syltgast übertragbar sein. Wir formen ihn uns einfach per Mausklick.

Er soll, das ist Grundvoraussetzung, reinlich sein wie Michael Jackson, dem Schutzheiligen der Waschzwang-Neurotiker. Trotzdem erwarten wir beim Strom- und Wasserverbrauch die Sparsamkeit eines Kaktus, bei der Trinkgeldvergabe aber die Großzügigkeit von Borussia Dortmund beim Einkauf neuer Stürmerstars.

Außerdem sollte der idealtypische Syltgast die Statur eines Pygmäen haben, damit er den Korridor eines normalen Sylter Appartements (Duschbett mit Wohnklo, 28 Kubikmeter Gesamtumfang) als Empfangshalle empfindet. Andererseits müsste er lang sein wie ein amerikanischer Basketballprofi, damit er von der Terrasse aus über die Dünen schauen kann und somit der beliebte Preisaufschlag für den traumhaften Seeblick fällig wird.

Seine Kinder dürfen nicht mehr so klein sein, dass ihre Pampers die Kanalisation des Appartementhauses verstopfen. Vielmehr sollen sie im Restaurant schon den Kinderteller ordern können (Fischstäbchen mit Nutella, Pommes rot-weiß, drei Negerküsse und ein mittelgroßer Eimer Coca-Cola für € 14,80). Andererseits dürfen sie keinesfalls so alt sein, dass sie sich den ganzen Tag Techno-Musik 'reinziehen, und zwar in einer Lautstärke, dass die Eternitplatten von der Fassade springen.

Wenn schon Kinder, dann wenigstens Mädchen, weil die seltener Fallschirmspringerstiefel tragen, mit denen sie den Mahagonitisch zerkratzen. Außerdem heizen sie nicht ständig mit dem Mountain-Bike über den Friesenwall.

Andererseits wechseln Girlies dauernd den Freund, der sie nachts um drei Uhr mit dem frisierten Moped nach Hause bringt, um sie, an die Klingelleiste gelehnt, eine geschlagene Viertelstunde abzuknutschen, während der Ofen wie ein Notstrom-Aggregat im Leerlauf weiterhustet.

Die Widersprüchlichkeit der Argumente zeigt, dass die Erschaffung eines geeigneten Badegastes schwieriger ist als mancher ahnt. Doch wir geben uns nicht geschlagen. Denn seit es der Medizin gelungen ist, Hornhaut, Warzen und Fußnägel zu transplantieren, wähnen wir den Durchbruch nahe. Das eigentliche Urlaubserlebnis – klare Luft, Wellenschlag und beim Meeresbad ein angenehmes Prickeln auf der Haut – wird gemeinhin von unseren unterschiedlichsten Sinnesorganen aufgesogen und in der Hypophyse in erregend bunte Bildern umgewandelt. Mit anderen Worten: Der Urlaub spielt sich im Gehirn ab.

Diese Erkenntnis öffnet den Weg zu neuen, umwälzenden Problemlösungen. Damit die Gästemassen unsere Insel nicht mehr überrollen, werden wir – daran wird in den Labors der Kurverwaltungen schon seit längerem herumexperimentiert – zukünftig nur noch das Gehirn unserer Gäste, umspült von einer ausgewogenen Nährlösung, in einer lustigen Emailleschüssel am Strand deponieren. Ein Auge oder wahlweise ein anderes Sinnesorgan, das man im Urlaub nicht missen möchte, darf auch noch dranhängen. Mehr nicht.

Schöne neue Urlaubswelt. Die Gehirne schwappen fröhlich im Westwind, abends gibt es von der Kurverwaltung ein Gläschen Schampus in die Nährlösung und – das ist Bedingung – an jeder Schüssel hängt eine Einzugsermächtigung für den Vermieter. Denn auch dem pflegeleichten »Urlauber von morgen« kann natürlich kein Cent Rabatt gewährt werden.

Gottes zweiter Versuch

Okay, wir haben keine himmelstürmenden Kathedralen, auch ein Dom ist uns nicht zu eigen, dafür aber haufenweise schlecht besuchte Kirchen. Okay, wir gelten nicht als übermäßig religiös, beten keine Rosenkränze und bekreuzigen uns nicht nach jedem geschossenen Tor. Wir machen es uns aber auch nicht so leicht, unsere Sünden im Beichtstuhl abzuladen. So viel Zeit hätten wir auch gar nicht. Aber dass wir, die Bewohner der Freien Republik Sylt, über einen guten Draht nach oben verfügen, ja, gewissermaßen mit dem Herrgott auf Du und Du verkehren, das dürfte sich ja wohl langsam herumgesprochen haben ...

Eines Abends, die Uhr schlug gerade fünf vom Kirchturm herauf, schloss Petrus das Himmelstor zu, stellte in seiner Pförtnerloge den Stuhl auf den Schreibtisch, auf dass die Putzfrau ein leichteres Arbeiten habe, und begab sich in das Büro unseres Herrgotts, um, wie an jedem Abend, den Universalschlüssel abzugeben.

Der Herrgott saß an seinem Schreibtisch und schrieb mit sorgenvoller Miene im großen, goldenen Buch der Stadt Niebüll. Sorgfältig malte er einige schnörkelige Buchstaben hinein, machte am Ende einen Punkt und klappte das Buch zu.

Gott und Petrus lächelten sich vertraut an, denn nun kam ihre blaue Stunde, in der sie, befreit von des Tages Mühen, die Beine auf den Schreibtisch legten, sich einen wahrhaft himmlischen Tropfen gönnten und im vertrauten Gespräch über Gott und die Welt sinnierten.

»Sag mal«, meinte Petrus und angelte zwei Salzstangen aus der Tüte, »wenn du mal wieder ein Paradies erschaffen würdest, wie würdest du es anlegen?« »Du wirst dich wundern«, meinte der Herrgott und nahm sich gleich drei Salzstangen, denn er kannte

29

seinen Pappenheimer, »aber ich habe bereits vor vielen Jahren ein zweites Paradies angelegt.« Da war Petrus derart baff, dass er sich an seinem Wein verschluckte.

»Was denn, wie denn, wo denn?« meinte er, als er fertig gehustet hatte. »Davon weiß ich ja gar nichts! Wo liegt denn das, wie sieht das denn aus?«

»Es ist ein zartes, sonnenüberflutetes Eiland hoch im Norden, weitab von den Metropolen, umgeben von einem feinen Sandstrand, gar schwerlich nur zu erreichen. Dort wohnt ein außergewöhnlicher Menschenschlag, aufrecht, stolz, arbeitsam, erdverwachsen und heimatverbunden. Sie sind den Fremden gegenüber offen und nehmen sie gerne aus ... äh, auf. Und wer eine klingende Silbermünze springen lässt, darf teilhaben an ihrem reichhaltigen Mahle, darf trinken aus ihrem Kruge und mit ihnen das Nachtlager teilen. Es ist eine Insel von eigentümlichem Reiz, wer einmal da war, dem brennt sie ihr Zeichen in Herz und Seele, die Luft ist wie Champagner, die Natur ist zwar nicht üppig, aber unverwechselbar, und der Wind bläst den Menschen immer frische Gedanken in die Köpfe.«

Hier unterbrach er und schaute milde auf Petrus. »Du kannst ja mal 'ne Woche runterfahren und dir das ansehen. Deinen Job hier kann Erzengel Gabriel so lange übernehmen.«

Das ließ Petrus sich nicht zweimal sagen. Er haute den Korken in die Weinflasche, nahm sich noch eine Handvoll Salzstangen und verschwand, um sein Bündel zu schnüren. Der Herrgott rief ihm nach: »Eine Badehose brauchst du aber nicht einzupacken!« Doch damit wusste Petrus in diesem Moment wenig anzufangen.

Nur fünf Tage später meldete Petrus sich beim Chef zurück. »Mein Gott, ich muss dir sagen, was da so läuft, in deinem Paradies, das ist wohl nicht so ganz in Ordnung.« Der Herrgott zog die rechte Augenbraue hoch. Das machte er immer, wenn es eng wurde.

»Nun ja«, fuhr Petrus fort, »die Insel ist wunderschön, freilich etwas kleiner, als du sie mir beschrieben hast. Die Menschen sind sehr unterschiedlich. Manchen zerfurchen Sorgenfalten die Stirn, anderen stehen Dollarzeichen in den Augen. Man kommt vor lauter Autos kaum über die Straße, ständig tritt man in Hundesch...

(dieses Wort konnte Gott nicht verstehen, weil auf Wolke 17 gerade eine Harfe umfiel), und in der Luft knattern überall Flugzeuge herum. Und jedes Jahr schrumpft dein zweites Paradies um ein paar Quadratmeter.«

Da wurde der Herrgott aber doch recht ungehalten, und er beschloss, den dafür Verantwortlichen ein paar kräftige göttliche Eingebungen ins Haus zu schicken. Und zwar eine nach Westerland, eine nach Kiel und eine nach Berlin.

Die göttliche Eingebung für Sylt schlug direkt ein ins Westerländer Rathaus und dort wiederum ins Hauptamt. Da wurde sie mit einem Eingangsstempel versehen, fotokopiert und kam dann in die Wiedervorlagemappe. Anschließend setzten die Bürgermeisterin und ihre Vertrauten sich zusammen, gründeten einen Ausschuss, erstellten ein Strategiepapier, beschlossen die Einrichtung einer neuen Planstelle und die Erhöhung des Hundesteuersatzes. Zu guter Letzt wurde noch eine Presseerklärung erstellt, die zwar den Eingang der göttlichen Eingebung erwähnte, eine Wirkung derselben jedoch nicht durchschimmern ließ.

Die göttliche Eingebung für Kiel ging gleichfalls leicht daneben, beziehungsweise verfehlte sie das Ziel und knallte direkt in den Blitzableiter des Verwaltungsgebäudes des Schleswig-Holstein-Musik-Festivals. Dort rauschte sie durch Justus Frantz, erfüllte ihn mit innerer Spannung, tausend neue Ideen ließen ihm die Augen aufleuchten, gaben ihm den göttlichen Kick, er beugte sich vor, nahm ein leeres Blatt Papier und begann mit der Gründung neuer Musikfestivals in der Niederlausitz, auf Spitzbergen und der Halbinsel Kamtschatka.

Nur die für Berlin gedrechselte, göttliche Eingebung erwies sich als in gewisser Weise nützlich. Sie krachte mit Vehemenz direkt ins Bundeskanzleramt, wo der Kanzler gerade eine internationale Pressekonferenz gab. Als dort der Blitz der Erleuchtung aufzuckte, dachte er, dass die Fernsehscheinwerfer eingeschaltet würden. Er rückte seine Armani-Krawatte zurecht, strich sich kurz durch die Haare und begann über das Problem der Arbeitslosigkeit zu sprechen. Und seitdem wissen wir wenigstens, dass die göttlichen Eingebungen auch nicht mehr das sind, was sie früher einmal waren.

Neue Länder braucht der Mann

Jedes Land, spricht der Philosoph, bekommt die Männer, die es verdient. Jede Regierung sucht Männer, die gerne dienen. Und jede Frau will einen Mann, der gut verdient. Diese unverhohlene Ausbeutung meines Geschlechts, bin ich nicht länger bereit, stillschweigend hinzunehmen. Schluss, aus, genug! Ab jetzt wird zurückgekachelt! Die Devise heißt ab sofort: Neue Länder braucht der Mann! Wir ducken uns nicht mehr vor der Peitsche der Emanzipation. Zurückfinden wollen wir auf den Pfad eigener Vollkommenheit, die Jahrhunderte lang außer Zweifel stand und erst im Zuge umstürzlerischer Bewegungen »problematisiert« wurde und ins Wanken geriet. Doch der Weg zu alter Herrlichkeit dürfte schwer begehbar sein – und manche werden ihn gar nicht erst aufspüren ...

Es ist so weit: Ein Zeitalter, eine Epoche geht zu Ende, liegt siech am Boden. Die Jahrzehnte der Weinerlichkeit, des immer Verstehen-Wollens, des Alles-Erklären-Müssens sind abgelaufen, bewältigt, werden abgeheftet und verschwinden auf Nimmerwiedersehen im Archiv. Der Sylter Mann, der Milleniums-Mann, erstrahlt im hellen Glanz der Gegenwart. Auferstanden wie Feuervogel Phoenix aus der Asche endloser Selbstfindungsdiskussionen.

Die ätzenden Fragen nach dem Warum und Woher sind beantwortet, ja, es gibt inzwischen schon mehr Antworten als Fragen. Das moderne Mannsbild sammelt nicht mehr für das neue Frauenhaus unten in der Stadt und führt auch keine pädagogischen Grundwertediskussion mit der Lehrerin seines Sohnes, nein, er kratzt mit seiner Visa-Card den Raureif von der Frontscheibe seines BMW, um mit heulenden Pneus zur Squashstunde mit seinem Steuerberater abzudüsen.

Er sitzt nicht mehr beim Tee im Jugendzentrum und liest Alice Schwarzer, sondern trinkt Champagner im Bistro, dessen Wirt ihn per Handschlag begrüßt, und zur geistig-sinnlichen Erbauung hat er »Penthouse« abonniert.

War es vor einer Generation noch der Traum des angepassten Mannes, in Nicaragua unter Contra-Beschuss die Kaffee-Ernte einzubringen, so liegt er heute auf seinem Futon, mit gepflegtem Drei-Tage-Bart und Zigarette im Mundwinkel und träumt davon, im Body-Building-Studio die Hanteln zu verbiegen, während draußen vor der Tür sein Zweitcabrio im Halteverbot steht.

Der akademische Sylter Mann der Neuzeit ist oft ein Mittfünfziger, der 1968 mit der Fahne des Vietkong durch die Uni-Städte der pubertierenden Republik zog. Aber er teilt nicht mehr, nichts mehr, mit niemandem. Nein, er rechnet auf, er rechnet ab. Seine Staatsverdrossenheit hat sich auf eine geballte Faust im Trenchcoat reduziert, sobald er in die Nähe eines Finanzamtes gerät.

Speziell der Sylter Mann ist eine, wie er meint, angenehme äußere Erscheinung: Bodygestylt, sonnengebräunt, maniküft, parfümiert und edel gewandet. Okay, das Migränemittel schlägt auf den Magen, das Magenmittel verträgt sich nicht mit Alkohol und die Prostata schwillt leise an – aber das alles wird ja zum Glück äußerlich nicht sichtbar.

Der Sylter Mann hat stets fertige Lösungen parat, in puncto Asylanten, in Sachen Möllemann, für den TSV Westerland und für die Sanierung der Regenwälder am Amazonas sowieso, um nur wenige Beispiele anzuführen.

Keine fertigen Lösungen jedoch hat er für Nebensächlichkeiten wie das Nägelkauen seines Sohnes, den Frust seiner Frau, die Wünsche seiner Geliebten, die Anforderungen seines Chefs. Der Sylter Mann hat sich für das neue Jahrtausend ein runderneuertes Weltbild geschaffen, in das sich alles problemlos einordnen lässt. Er benötigt praktisch nur noch zwei Schubladenreihen mit folgenden Aufschriften von oben nach unten: gut und böse, positiv und negativ, hilfreich und störend, in und out.

Ins gute Töpfchen gehören: Mutter Teresa, Porsche, Bayern München, Bonsai, Rudi Völler, Aspirin, Bundeswehr-Auslandsein-

sätze, T-Bone-Steak, Joschka Fischer, Kite-Surfen, Sonntagszustelldienst der Bildzeitung, Florida, die Überholspuren deutscher Autobahnen und die Schumis und Klitschkos, wenn sie gewinnen.

Nicht diskussionswürdig sind und abgelehnt werden: Sarah Wagenknecht, Volvo, Energie Cottbus, Alpenveilchen, Woody Allen, Hühneraugenpflaster, Braunschweiger Karneval, das Kreisbauamt Husum, Harald Schmidt, Currywurst rot-weiß, Urlaub auf dem Bauernhof und die Homo-Ehe.

Der Sylter Mann setzt sich Ziele, er plant sein Leben zielgerichtet. Schon in jungen Jahre strebt er danach, einen Dauerstellplatz für seinen Wohnwagen am Baggersee zu erobern und zum zweiten Vorsitzenden im Schäferhunde-Verein aufzusteigen. Heute sucht er einen Bürgen, um Mitglied im Sylter Golfclub werden zu dürfen, und im Urlaub unternimmt er eine Trekkingtour auf den Kilimandscharo, obwohl das Bier dort im Basislager aus Mais gebraut wird. Der Sylter Mann schaffte sich schon in den neunziger Jahren ein Wohnmobil an, weil er mit der unberührten Natur leben, sie erleben wollte. Anschließend kippte er den Inhalt der Chemietoilette in die Dünen am Ellenbogen, um fünf Mark Gebühr zu sparen.

Ein neues Jahrtausend ist angebrochen. Es kracht an allen Ecken und Enden. Aber dem Sylter Manne wird nicht bang, so lange George W. Bush den Feldzug gegen das Böse führt, Dieter Bohlen es auf minderwertigen Teppichen treibt, so lange Verona Feldbusch für Gefrierspinat wirbt und Schalke 04 Meister der Herzen bleibt, aber nicht die Bayern entthront. Denn der Sylter Mann bevorzugt es, wenn alles seine Ordnung hat. Die Revolution ist längst abgeblasen, politisch auf Durchzug geschaltet. Jetzt wartet er nur noch auf jemanden, der ihm Schmier- oder Schwarzgeld anbietet. Dann erst darf er sicher sein: Ich hab's geschafft. Ich bin wer in diesem Staate.

Familie Schmitz in Kampen

»Kleider machen Leute«, sprach einst Gottfried Keller und zimmerte aus diesem, zugegeben nicht unklugen Satz, gleich ein ganzes Buch, welches zu allem Überfluss auch noch verfilmt wurde, mit Heinz Rühmann in der Hauptrolle. Es war also kein besonders guter Film und die Kopien sind arg vergilbt, so dass er gottlob nicht mehr gezeigt wird. Kellers Kernsatz aber bewahrheitet sich täglich. Wer je in Kampen war, begreift schlagartig das Wesen des Kapitalismus: Du musst keine Asche haben, du musst nur so wirken, als ob du welche hättest. Dann liegt dir Kampen zu Füßen ...

Ehrlich gesagt, ich versteh' unsere Gäste schon, wenn sie mit dem Auto nach Sylt gekommen sind, dass die nach der Ankunft erst mal total fertig sind. Dann müssen wir ihnen auch nachsehen, dass sie beim Antrittsbesuch beim Stammitaliener etwas unkonzentriert wirken: »... he, Giovanni, bring mir bitte einen Roten! Wie, du hast einen erstklassigen neuen, einen Valpolicella Classico? Für nur 19 Euro? Ach so, das Glas und nicht die Flasche ... du, hier, ich bin ja sowieso mit dem Wagen da, ich nehm' dann lieber 'ne Apfelschale, 'ne kleine reicht ...«

Das war zum Beispiel ein O-Ton meines Freundes Kalle Schmitz. Der lebt normalerweise in Frankfurt und betreibt einige Spielautomaten-Salons in der Bahnhofsgegend. Seine Frau Lulu, früher eine stadtbekannte, ambulante Fußpflegerin aus Sachsenhausen, lässt sich von ihm eine Schlangenleder-Boutique in Bad Homburg finanzieren, wirklich, die Leute haben's zu was gebracht.

Aber egal, die Schmitzens also kommen jedes Jahr ein-, zweimal nach Sylt, natürlich nach Kampen. Kalle hat mir erzählt, dass ihn wahre Glücksgefühle durchströmen ist, wenn er in seinem Daimler sitzt und mit Bleifuß, immer auf der linken Seite, gen Norden brettert. Seine Brut, die Söhne Mick und Muck, sitzt hinten und tobt mit Fruchtzwergen und Gameboy umher. Seine Frau Lulu sitzt hibbelig neben ihm und blättert in diversen Modezeitungen, weil sie unbedingt wissen muss, was man auf Sylt gerade trägt, was en vogue ist. Ihrem Mann hat sie verboten, beim Wandern durch die Morsumer Heide seinen alten Barbourmantel anzuziehen, weil sie mit Recht Angst hat, dass er mit diesem Outfit von den Sylter Jägern als Wilddieb abgeschossen werden könnte.

Ja, und Kalle träumt – so ab Fulda – davon, dass er in knapp sechs Stunden endlich auf »seiner Insel« ist, und kaum vom Autozug gerollt steuert er umgehend den Strönwai an, in der blumigen Hoffnung, dass er direkt vorm Go-Gärtchen einen Parkplatz bekommt und Rolf Seiche ihn per Handschlag und Wangenkuss begrüßt ... so vor allen prominenten Leuten, das wäre ihm schon wichtig.

Kurz hinter Hannover machen sie traditionell Pause, in der Autobahnraststätte, na, Sie kennen das ja, Hohlraumversiegelung mit Pommes und Majo, und dann geht's zügig weiter, in wilder Jagd Richtung Norden.

Beim letzten Mal, so hat Kalle mir erzählt, war ihm ein entsetzliches Malheur passiert, und zwar in Höhe Rendsburger Hochbrücke. Da meldeten sich seine Bengels und meinten, sie müssten mal irgendwohin. Naja, die hatten sich auch den ganzen Tag mit Cola Light zugeschüttet. Kalle meinte nach einem Blick auf den Tacho und seine Uhr: »Seid ihr wahnsinnig, ihr macht mir meinen Schnitt kaputt!«

Aber das war dann der Zeitpunkt, da sich Lulu mächtig einmischte und meinte, er dürfe die Bedürfnisse der Jungs nicht einfach so ignorieren, von wegen langfristiger Schäden und so. Naja, Kalle hat darauf mit seinem Mobiltelefon beim Autoschalter Niebüll angerufen und erfahren, dass in 38 Minuten der nächste Zug fährt. Er meinte darauf zu seinen Jungs, sie sollten mal ein wenig zusammenkneifen, das wäre ja wohl auszuhalten, und dann ist er über die 199 gedonnert, im Slalom um die Mähdrescher, und tatsächlich: In Niebüll haben sie ganz knapp noch den Autozug erreicht.

Als dieser Zug nun Richtung Hindenburgdamm dieselte, setzte die große Krise ein, denn ein geordneter Toilettenbesuch war ja auch am Autobahnhof Niebüll nicht mehr möglich gewesen. Die Jungs wurden nun mächtig unruhig, Lulu rollte verzweifelt mit den Augen und auch bei Kalle lockerte sich, bedingt durch das rhythmische Schaukeln des Autozuges, die bewahrende Kraft seines Schließmuskels.

So vom Autozug herunter, mit dem Wind natürlich, wegen der Hose und so, also, das ging auch nicht, weil hinter ihnen ein Porsche Targa platziert war mit zwei äußerst attraktiven Damen ... naja, unter solchen Umständen läuft da nix. Mit der Zeit baute sich bei Kalle und seinen Leuten natürlich ein kaum mehr zu beherrschender Druck auf, die Augen traten aus den Höhlen und berührten die Brillengläser von innen – ein klassischer Pseudo-Basedow – und die Familienmitglieder kommunizierten nur noch mit gepresster Stimme.

Die Folge: Bei der Ankunft in Westerland stürzten sich alle in die Kamtschatka-Rosenbeete an der Entladestation. Der Familienrat beschloss kurz darauf, dass zukünftig Mutter Lulu ab Autobahnraststätte Hannover das Steuer übernehmen solle, damit für jedermann und jederzeit eine entspannende Entsorgung gewährleistet sei.

Ob Kalle damit einverstanden war? Er hat erst etwas schlucken müssen, sich aber dann ausbedungen, dass er beim Einparken vor dem Go-Gärtchen, also, dass dann wieder er, Kalle Schmitz, am Lenkrad sitzt ...

Autoschieber auf Sylt

Was den Insulaner auszeichnet, ist sein kerzengerader Wuchs, sein volles blondes Haar, sein stahlblauen Augen und Zähne, weiß wie Carrara-Marmor. Außerdem verfügt er über die seltene Gabe, komplexe Zusammenhänge mit einfachen Worten erklären zu können. Er besucht regelmäßig den Gottesdienst, hält sich dagegen nur selten in Schmuddellokalen auf und hilft, wenn es sein muss, einer alten Frau auch schon mal über die Straße. Verwerfliche Dinge unterlässt der Sylter. Weder tapert er durch die Dünen, noch baut er Garagen zu Appartements um, und schon gar nicht lässt er sich mit besoffenem Kopf beim Autofahren erwischen. Dennoch überfallen ihn zuweilen tiefe Sinnkrisen, und zwar immer dann, wenn in den bundesdeutschen Medien mal wieder Neid und Häme über sein geliebtes Eiland gekübelt wird. Dann mutiert der Sylter auch äußerlich: Der hellenische Glanz entweicht seinen Augen, Mattigkeit überschattet sein Antlitz, das Haar wird stumpf und fällt aus. Schnell kriecht er zu Kreuze und wechselt das Meinungslager, damit die Knallchargen der bundesdeutschen Boulevard-Journaille ihn wieder lieb haben ...

Als Medienereignis hat Sylt den gleichen Rang wie Dieter Bohlen, Familie Stoiber, Familie Schumacher, Uschi Glas oder der FC Bayern München. Ob wir aber hochgejubelt oder niedergemacht werden, das liegt, behaupte ich, allein an uns. Ich fordere die Sylter auf: Erobert die Meinungsführerschaft zurück! Wie das geht? Wir müssen die Lohnschreiber und Fernsehfuzzies beschäftigen, sie mit positiven Meldungen zuschütten. Wie wäre es beispielsweise mit einem echten Knaller aus dem Sektor Umweltschutz? Ich habe da schon einen zündenden Vorschlag ausbaldowert. Hier das Szenario:

40

Ab Saisonbeginn tritt ein absolutes Fahrverbot für Pkw auf Sylt in Kraft. Da unser langjähriges Bemühen, das Ozonloch mit Kohlendioxyd aufzufüllen, zwar geklappt hat, jedoch von der Wissenschaft nicht anerkannt wird, müssen wir das Problem neu angehen. Ab sofort gehört das uns so vertraute Geräusch eines voluminös wummernden Acht-Zylinders am Kampener Dorfkrug der Vergangenheit an, und auch das Luftschnappen in den Abgaswolken am Bahnhofsvorplatz wird zur heiteren Erinnerung aus alter Zeit.

Damit jedoch die Freude am Autofahren nicht allzu abrupt endet, beschließen Bädergemeinschaft und Ordnungsamt, dass die

Autos geschoben werden dürfen. Eine geniale Idee, die nicht nur unsere Umwelt schont, sondern auch Arbeitsplätze schafft.

Folgende zauberhafte Sylter Sommerimpression zeichnet sich danach ab: Langsam rollen die Autos durch Rantum und Keitum, von kräftigen jungen Männern geschoben. Zugleich entsteht ein neues Berufsfeld von hohem Sozialprestige: Der »Autoschieber auf Sylt«. Nach drei Jahren Lehrzeit und dem Besuch einer Fachschule für Automobilität kann der Proband ein Diplom erwerben. Den besonders Strebsamen unter den Azubis eröffnet sich sogar die Möglichkeit zu promovieren. Durch den akademischen Grad »Dr.mob.« werden die gesellschaftlichen Schranken zwischen Schiebern und Geschobenen niedergerissen. Der Beruf des Auto- schiebers auf Sylt wird in ganz Europa stürmisch nachgefragt. Aber was heißt Europa? Besonders aus Polen melden sich viele junge Männer, die die Berufsbezeichnung leicht fehlinterpretieren und auf ihre einschlägigen Erfahrungen verweisen.

Schon in der ersten Woche sind freilich einige ärgerliche Aus- wüchse zu beklagen. Ein Porsche-Fahrer least sich die deutsche 4x4OO-Meter- Staffel der Frauen mit Grit Breuer an der rechten Bremsleuchte, und muss mit 32 km/h südlich von Kampen gestoppt werden. Dem Fahrer wird eine Blut-, dem Auto eine Ben- zin- und der 4x4OO-Meter-Staffel eine Urinprobe entnommen. Alle positiv. Lobenswert dagegen die Naturschutzgemeinschaft Sylt, welche in dieser Aktion eine Chance für die Natur sieht und spontan acht Zivis zum Schieben abstellt.

Freundliche Autofahrer, die Wert auf ein gutes Verhältnis zu ihren Schiebern legen, füllen die Scheibenwaschanlage mit Elektro- lytgetränken. Wenn dann bei Gegenwind in den Braderuper Alpen die Zunge des Schiebers bis zum Nummernschild runterschlappt und sein Gejapse das Techno-Gestampfe aus dem Autoradio über- tönt, dann wird die Wisch-Wasch-Anlage kurz angetippt und ein Schwall nasser Energie zischt über das Auto und bringt die ver- brauchte Energie zurück in den Kreislauf des Schiebers.

Außerdem können Sylter Vorzeige-Promis wie der Friseur Ger- hard Meyr ihre Schieber aus dem Kreis unserer Bundesbahn-Billig- gäste rekrutieren. So lernen diese Low-Budget-Urlauber auch mal lebendige Promis kennen, sie kommen ein wenig auf der Insel herum und Herr Meyr hat die Gelegenheit, mal wieder mit dem einfachen Volk zu kommunizieren.

Weitere Details zu meinem revolutionären Plan: Sollte sich ein Autofahrer durch zügellosen Alkoholgenuss in den Zustand der Fahruntüchtigkeit versetzt haben, muss er mit dem Schieber einen Rollentausch vornehmen. So hat der Fahrzeugführer dann, was die Liebe zum Auto bekanntlich erhöht, die Gelegenheit, seinen eigenen Wagen nach Hause zu schieben.

Aus naheliegenden Gründen ginge die Zahl der Autodiebstähle erheblich zurück, sollte das Denkmodell Realität werden. Denn einen Daimler der S-Klasse mit eingelegtem Gang und eingerastetem Lenkradschloss aus Kampen wegzuschieben, dazu bedarf es nicht nur erheblicher Kraft und Geschicklichkeit, sondern auch einer ausgeprägten masochistischen Grundeinstellung.

Und wenn dann mal wieder so ein TV-Team anreist, um hier sogenannte »Sylter Geschichten« von, für und mit Geisteskranken zu drehen, und die wollen dann mal nach Wenningstedt ans Kliff geschoben werden, ja, dann schieb' ich sie dorthin, zum Kliff. Ob ich da dann allerdings rechtzeitig stoppen kann, vor dem Kliff, also da hätt' ich jetzt schon so meine Bedenken.

Misslungener Mega-Kick

Die Winter werden auch bei uns auf Sylt immer wärmer und im Sommer müssen wir häufiger denn je die Heizung andrehen. Wenn das so weitergeht, werden die Unterschiede zwischen den Jahreszeiten wohl bald nivelliert sein. Das schlägt sich natürlich auch in unserem täglichen Tun und Lassen nieder: Im Sommer bevorzugten wir früher Musik aus jenen Weltgegenden, in denen die Sonne zu Hause ist: Salsa, Samba und Reggae. In der Tristesse des Novembers und Januars lauschten und genossen wir die wonnigliche Wucht wagnerischer Weihewogen. Doch nun drohen vehemente Verschiebungen: Auch bei uns hier auf der Insel rückt die »Lebkuchen-Schamgrenze«, früher im allgemeinen Einvernehmen auf Ende November terminiert, dynamisch vor. Der Herbst ist schon kein Thema mehr. Die ersten kleinen Weihnachtsmänner zwinkern bereits im Spätsommer vorwitzig aus den Schaufenster-Dekorationen. Was bedeutet das für uns? Verzweiflung? Depression? Resignation? Oder ist es gar die Chance auf zusätzlichen Lustgewinn?

Auch ich bin, weshalb sollte ich's verleugnen, ein lustbetonter Mensch: Im Strandkorb liegen, dem Rauschen der Brandung lauschen und den Sonnenschein auf dem Bauch spüren – gibt es etwas Angenehmeres?

Ach ja, natürlich: Ein bisschen anders, aber genauso schön ist der Tannhäuser von Richard Wagner, aber volle Power, 200 Watt Sinus mit dem Klirrfaktor nullkommanix. Das muss so scheppern, dass die Wohnungsnachbarn verzweifelt einen Resthof auf dem Festland suchen. Und wenn sie dann so anschwillt, die Musik, und ein heil'ger Schauer mir über den Rücken jagt, die Nackenhaare sich ein wenig aufrichten, ...brrr ... das ist die Lust, die pure Wonne ...

Und dann, quasi als Variante drei, ist da noch die Sache mit Weihnachten. Klingelingeling ... alles ist so schön gemütlich und heimelig ... Apfel, Nuss und Mandelkern ... Glühwein, Lebkuchen und Dominostein ... der Geruch, der Geschmack ... whooowh, das gibt mir den Tannenbaum-Thrill, gibt mir den Marzipan-Mega-Kick ...!

Nun versuche ich schon seit Jahren, diese drei Elemente unter einen Hut zu bekommen, sie gleichzeitig zu erleben, mir das volle Programm einzusaugen, mein Lustgefühl ungezügelt Purzelbäume schlagen zu lassen: Im Strandkorb liegen, den Tannhäuser hören und dabei Lebkuchensterne verputzen! Das, so denke ich mir, muss wohl der Überhammer sein, ein Psychotrip der dritten Art mittels der Designerdroge Marke »Deutsche Gemütlichkeit«.

Nun gut, Strandeslust mit Musik, das ist fürwahr nichts Neues. Auch der Tannhäuser zu Weihnachten – kein Problem. Aber alles drei zusammen? Zu Weihnachten ist kein Strandwetter und im Juli gibt's normalerweise keine Lebkuchensterne – normalerweise.

Dennoch steigen meine Chancen. Denn ich kann mich auf den natürlichen Erwerbstrieb des Einzelhandels und der Supermarktketten verlassen. Zwar sind wir alle mächtig dabei, durch Ausweitung des Ozonlochs die Voraussetzungen für Strandwetter im Dezember zu schaffen, aber das dauert mir dann doch zu lange. Nein, da bereitet es doch viel mehr Freude, zu beobachten, wie die Lebkuchen-Schamgrenze so ganz sukzessive Richtung Sommer vorgezogen wird.

In unserer seligen Kindheit war der erste Advent jener Tag, an dem die Vorweihnachtsfreude konkret wurde: Die neue Lebkuchenernte konnte endlich verköstigt werden. Würde es wohl ein guter Jahrgang sein? Später dann, als Erwachsene, kamen wir aus dem Urlaub zurück auf die Insel, so Ende Oktober, und was erblickten wir beim Kaufmann? Weihnachtsmänner und Christstollen, die sich uns in den Weg stellten! Wir äußerten Empörung ob diesen Verfalls althergebrachter Wertestrukturen, freuten uns aber heimlich auf das Knistern des Geschenkpapiers und hörten schon ganz leise das Jubilieren der Regensburger Domspatzen.

Dann, vor zwei Jahren, es war Ende September, ich weiß es noch wie heute, ging ich in meinen Supermarkt, und was sehe, was erlebe ich da? Das Fräulein Ute, die Kassiererin, strahlt mit hundert Nikoläusen um die Wette und mich freudig-herausfordernd an.

»Kompliment«, säusele ich ihr zu, »sie sind dieses Jahr die erste, schneller als alle anderen, Donnerwetter.«

Ich werde diesen Tag meinen Leben lang nicht vergessen, es war ein außergewöhnlich später Spätsommersonnentag. Ich lief noch mal rasch in den Supermarkt, um frisches Sonnenöl zu kaufen, damit ich diesen wohl letzten Strandtag des Jahres genießen konnte.

Während draußen die Sonne den Asphalt aufweichte und die Restvegetation der Trockenheit anheim fiel, erlebte ich drinnen im Laden eine ganz andere Welt: Christstollen, Lebkuchen ... süßer die Glocken nie klingen ... und das Fräulein Ute, die Kassiererin, als blonder Rauschgoldengel ...

Dieser, meine sämtlichen Sinne okkupierende Kulturschock, ließ mein Kleinhirn mal wieder Achterbahn fahren und trotzdem – klicke-di-klack – fiel bei mir das Relais: Es war soweit, dieses war mein Tag, an dem es klappen würde, alles war stimmig ...

Schnell kaufte ich eine Packung Lebkuchen und einen Beutel Dominosteine. Und einen kleinen, stanniolverpackten Weihnachtsmann. Dann ab nach Hause, den Walkman aus der Schublade, die Tannhäuser-Kassette aus dem Schrank, die Badetasche gepackt und rüber zum Strand.

Dort angekommen, spürte ich schon ein leichtes Kribbeln im Bauch, der Geruch von Lebkuchen und Sonnenöl turnte mich an, mit fiebrig-fahrigen Händen klappte ich den Strandkorb in Position, legte mich hinein, genoss die sanfte Sonne, riss erregt die Verpackung auf, schob mir zwei klebrige Dominosteine rein, drückte zittrig die Kassette mit des großen Maestros Tannhäuser-Einspielung in den Walkman, ahnte das nahe Ziel, meine drei Lust-Koordinaten bildeten ein scharfes Kreuz, gleich würdet es wie Donnerhall durch das Walhalla meines Strandkorbes brausen, die Schwerelosigkeit eines Embryos in der Fruchtwasserblase ergriff Besitz von mir, der Kopfhörer klammerte sich ängstlich um meinen Kopf ...?!?!

... doch nichts, gar nichts, kein Ton, kein Tannhäuser, keine wilden Wellen wollten Wotan wiegen, denn ... denn ... die Batterien waren leer. Bisweilen scheitern die größten Projekte der Menschheit an den profansten Schnitzern. Nun plötzlich klebten mir auch die Dominosteine eklig am Gaumen, das Sonnenöl brannte in den Augen und eine dicke Wolke schob sich vor die Herbstsonne. Ein kompletter Absturz.

Es ist aber auch ein Elend, in welch aberwitzige Experimente die Süßwarenindustrie unbescholtene Bürger treibt. Bloß weil sie ihre Lebkuchen früher verkaufen will, als der Weihnachtsmann es erlaubt ...

White Christmas

Es lässt sich nicht verleugnen, wir kennen sie alle, diese popbunten Weihnachtskarten mit winterlichen Syltmotiven. Malerisch eingeschneite Keitumer Friesenhäuser, sich zu bizarren Skulpturen auftürmende Eisschollen am Weststrand und unbeschwerte Schlittschuhläufer auf dem Wenningstedter Dorfteich. Niemand weiß, woher diese Bilder stammen, ob es Fotomontagen sind oder realistische Zeichnungen im Stile Helnweins. Denn wer kann sich schon erinnern, wann es hier auf Sylt jemals geschneit hat?

Nur in Morsum soll es eine uralte Friesin geben, die sich noch daran entsinnen will, dass es in ihrer Kindheit auf Sylt oft und oft geschneit und es einen Winter ohne Schneemänner und ohne Schlittenfahrten nicht gegeben habe. Aber das war noch zu Kaisers Zeiten. Jetzt ergeht es den Sylter Kindern wie den Beduinen oder den Tuaregs im fernen Afrika: Schnee kennen sie nur von den Erzählungen durchreisender Karawanen.

Personen, die sich mit moderner Technik auskennen, behaupten, die Schneebilder auf diesen obskuren Sylter Weihnachtskarten, das seien Computersimulationen aus hochtechnisierten Trickfilmstudios.

Nun wollen wir nicht übertreiben: Gewiss, ab und an gibt es hier schon mal schneeähnliche Niederschläge. Und die bleiben auch zwei, drei Stunden liegen. Gerade so lange, dass die Kommandoeinheiten der Straßenzustandsbehörde mit ihrem schlagkräftigen Wagenpark sämtliche Hauptverkehrsadern mit einem drei Finger dicken, hochgiftigen Gemisch aus Splitt, Schlacke und ätzendem Natriumsalz zuschütten kann. Kurz darauf taut ein warmer Ostwind den schneeähnlichen Niederschlag im Nu weg, während der Dreck des Streudienstes noch wochenlang unter den Reifen der Automobile, Fahrräder und Rollstühle knirscht. Manch unaufmerksamer Sylter, der sich am Vormittag mit Hilfe lehrreicher TV-Gameshows zu den Themen »Ich bin fett, wer will mich einölen?« oder »Mein Kind bläst Frösche auf – muss es eingeschläfert werden?« weitergebildet hat, erfährt dann erst beim Einkaufen, dass er eine pittoreske Schnee-Idylle zwischen 9 und 11 Uhr verpasst hat.

Erbbiologisch ist der Sylter so eingestellt, dass er zum seelischen Ausgleich Schnee im Winter dringend benötigt. Vor allem aber, damit er/sie seinen/ihren todschicken Wintermantel von Joop oder Jil Sander auf der Promenade spazieren führen kann. Wichtig ist hier wie überall, dass der Schneefall nicht irgendwann im Januar oder März, sondern pünktlich zu Weihnachten stattfindet. Man nennt das dann »weiße Weihnacht«. Und sämtliche Bewohner der nördlichen Halbkugel sind sich in nichts einig außer darin: Nichts ist wünschenswerter als eine »weiße Weihnacht«.

Nun kann der Mensch vieles regeln, verordnen und bestimmen. Zum Beispiel sind wir Sylter im Stande, die Hauptsaisonzeiten per »Handaufheben im Kurausschuss« flugs auf zehn Monate auszudehnen und die Parkgebühren in der Westerländer City mittels derselben basisdemokratischen Methode von fünf Mark auf fünf Euro pro Stunde anzuheben, alles kein Problem.

Vergleichsweise geringen Einfluss üben wir dagegen auf Ebbe und Flut aus, auf die Preisgestaltung bei den Autozügen und auf das Klima, auf unser Wetter. Damit wir aber endlich mal wieder »weiße Weihnachten« erleben können, hat die Sylter Bürgermeister-Dienstversammlung kürzlich folgenden, einstimmigen Beschluss per »Handaufheben« gefasst: Weihnachten wird ab sofort zum beweglichen Feiertag erklärt. Das bedeutet: Sollte in der Zeit von November bis Februar eine schneefallschwangere Lage eintreten, tritt ein Krisenstab im Rathaus von Westerland zusammen. Tritt außer dem Krisenstab dann auch noch der Ernstfall »Schneefall« ein, und türmt sich die klebrig-nasse Konsistenz auf mehr als zwei Zentimeter Höhe bei einer Verweildauer von länger als zwei Stunden, dann wird über NDR, Radio Nora und RSH sofort Weihnachten ausgerufen.

Die städtische Weihnachtsbeleuchtung bleibt in Zukunft das ganze Jahr über hängen und kann per Knopfdruck sekundenschnell für festliche Stimmung sorgen. Diesen feierlichen Akt übertragen live und bundesweit die Sender Phoenix und N24, welche die Senderechte für mehrere Millionen Euro aus der Leo Kirchschen Konkursmasse erworben haben.

Die Friedrichstraße wird im Eilverfahren und unterstützt von den Insassen der Marineversorgungsschule List mit Glühweinständen zugepflastert, so dass jeder Sylter sich die erforderliche Festtagsstimmung in kürzester Zeit ansaufen kann.

Da der gemeine Insulaner seine Weihnachtsgeschenke sowieso immer erst auf den letzten Drücker besorgt, dürfte es nur einigen komischen Käuzen Probleme bereiten, rasch noch die passenden Präsente zu erwerben. Auf solche schusseligen Minderheiten nehmen wir Sylter aber prinzipiell keine Rücksicht.

Wenn dann am Abend die Weihnachtslieder gesungen sind – die Textkenntnisse reichen ohnehin nur jeweils für die erste Strophe –, wenn die in der Mikrowelle heißgeknallte Gans weggeputzt ist, dann kann, sofern man sich nicht mit sentimentalem Gesabbel aufhält, das ganze schöne Fest bereits durchgezogen sein, noch bevor draußen der Schnee weggeschmolzen ist.

Und wenn wir dann im Sommer mit unseren Gästen aus Garmisch oder Tirol im Garten sitzen, und die erzählen uns von ihrem Weihnachtsfest, bei dem der Schnee mal wieder meterhoch gelegen habe, so dass sie kaum zur Tür herauskamen und so, dann können wir endlich auch mitreden.

Aber falls, was ja nicht auszuschließen ist, es den ganzen Winter nicht schneit, dann findet im folgenden Jahr am 24. Dezember, ein Weihnachtsersatzfest statt, quasi eine Not- oder Hilfsweihnacht, damit sich bei der Sylter Bevölkerung keine Glühweinunterversorgung einschleicht.

Sollte bis Ende Februar doch noch Schneefall einsetzen, naja, dann hängen wir halt noch eine »weiße Weihnacht« hintendran. Man muss die Feste feiern wie die Flocken fallen.

Müllproblem gelöst

Nein, wir haben uns nichts vorzuwerfen. Auf Sylt wird der Müll bis an die Grenze des Machbaren recycelt, geradezu beispielhaft. Die Champagnerflaschen wandern in den Glascontainer, die Austernschalen werden geschreddert und anschließend zu hochwertigem Beton für den Küstenschutz verarbeitet und die Perlen, auf die wir während des Austernfrühstücks bei »Wonnemeyer« beißen, die werden fachgerecht vor die Säue geworfen. Also, wo ist das Problem ...?

Freudentänze auf Sylts Straßen. Glücklich liegen sich die Menschen in den Armen, stellen brennende Kerzen in die Fenster und halten Dankgottesdienste ab. Das Kurorchester spielt pausen- und atemlos Beethovens Ode an die Freude. Ehrenjungfrauen haben die klobigen Müllautos mit Blumen geschmückt und die Sylter Müllmänner werden in den erblichen Adelsstand erhoben.

Was ist geschehen? Warum lavieren die Insulaner so dicht am Wahnsinn? Wieso ist bei den jungen Menschen auf der Insel der Berufswunsch Müllentsorgungsfachkraft an die erste Stelle gerückt, noch vor Kartenkontrolleur, Fischverkäufer und DLRG-Schwimmer?

Das haben wir alles einem mal wieder von abgrundtiefer Klugheit geprägten Entschluss unseres Husumer Kreistags zu verdanken. Denn die Müllentsorgungsgebühren der Sylter wurden nicht, wie angedroht, um 820 Prozent, sondern nur um bescheidene 400 Prozent angehoben.

Die Bevölkerung reagierte ebenso erleichtert wie patent: »Was, nur läppische 400 Prozent, das ist doch kein Problem, das legen wir auf die Preise um und auf die Mieten, das tangiert uns doch nur peripher ...«

… aber bitte, sortenrein sortiert …

Auch die begleitenden Maßnahmen wurden von allen akzeptiert. Der Kreis privatisierte die Müllentsorgung. Der Landrat wurde zum Aufsichtsratsvorsitzenden bestellt und die ihm gewogenen Zuarbeiter mit gut dotierten Pöstchen versehen.

War es früher, kurz nach dem Krieg etwa, überlebensnotwendig, gute Kontakte zur bäuerlichen Landbevölkerung zu haben, so wünscht sich jetzt jede Familie einen Müllwerker als potentiellen Schwiegersohn. Dem kann man dann auch mal, wenn er das Töchterlein von der Disco nach Hause begleitet, ein paar Tüten Abfall in die Hand drücken.

Denn diese umfassende Müll-Neuordnung birgt noch einige weitere Überraschungen. Beispielsweise die, dass die Mülltonnen zukünftig nur noch alle vier Wochen entleert werden. Dafür jedoch gibt es dann einige zusätzliche Tonnen, um den Vorgarten optisch aufzuwerten. Eine schwarze Tonne für die Videoaufzeichnungen vom Musikantenstadl, eine rote für Computerschrott, eine orangefarbene Tonne für tote Haustiere und eine nazibraune für die Postwurfsendungen rechtsradikaler Parteien. Dann noch eine saharasandfarbene Tonne für die hoch glänzenden Reisekataloge all jener Sylter Bürger, die sich aufgrund der Müllgebühren-Umlagen einen Urlaub nun nicht mehr leisten können.

Neu ist auch, dass der Müll nur noch abgeholt wird, wenn er nicht nur grob, sondern fein säuberlich sortiert ist. Tageszeitungen, Wochenzeitungen und monatlich erscheinende Druckwerke, alles wird exakt getrennt. Aus den Illustrierten müssen die Heftklammern herausgezupft und gesondert entsorgt werden. Neben den Glascontainern wachen schwarze Sheriffs, die das exakte Trennen von Weiß- und Buntglas streng beobachten. Fehlverhalten wird mit fünf Stockschlägen auf die Fußsohlen sofort bestraft. Eventuell noch in den Gläsern befindliche Marmeladenreste müssen von dem Entsorgungswilligen im Beisein der Ordnungskräfte rückstandslos verleckt werden.

Die Tonnen für Speiseabfälle in der Gastronomie werden zukünftig nur noch einmal im Jahr abgeholt. Diese Entscheidung findet breite Zustimmung in der Bevölkerung. Studienrat Dr. K. meint:»Na prima, dam kann ich mir meinen nächsten Indien-

Urlaub sparen, denn ab August wird es hier riechen wie in Kalkutta. Und überall laufen einem possierliche Ratten über die Füße.«

Alle Müllautos werden mit Blaulicht und Martinshorn ausgestattet, damit der lethargischen Bevölkerung jeden Tag aufs Neue der hohe Rang einer geordneten Müllentsorgung eingeblasen werden kann.

Die Gewerkschaft der Müllautofahrer, Mitglied im Dachverband europäischer Müllautofahrergewerkschaften, hat durchgesetzt, dass die Müllautofahrer ihre Müllautos auch in der Freizeit fahren dürfen. So ist gewährleistet, dass unsere flotten Jungs von der Entsorgungsfront den Transport ihrer Aldi-Tüten von der Filiale in die gemütliche Zweiraumwohnung komplikationslos abwickeln können. Und was gibt es Schöneres, als auf der A 7 von einem durch rotierendes Blaulicht gekröntes Müllauto überholt zu werden, weil Müllwerker Müller von der Städtereinigung seinen Jahresurlaub antritt?

Doch der Einfallsreichtum der Sylter Bevölkerung, sich dem grausamen Kostendruck zu entziehen, ist enorm. Ich selbst habe eine besonders raffinierte Methode entworfen. Ich packe meinen Müll, komprimiere und verpresse ihn, verhülle ihn liebevoll und schicke ihn dann mit dem United Parcel Service und einer diffusen Absenderangabe an die Staatsbibliothek Tripolis. Diese Paket kommt garantiert nie zurück und das Verfahren kommt nur halb so teuer wie eine Sylter Verbringung nach den novellierten Konditionen.

Doch in den Schubladen der Kreisverwaltung Husum liegen bereits neue Sprengsätze, die Pläne für die Phasen zwei und drei der Eskalation. Ab 2005 wird die Müllentsorgungsgebühr jährlich um 50 Prozent angehoben. Gleichzeitig werden die Mülltonnen gegen nur halb so große ausgetauscht. Die Abholintervalle werden auf vier Mal pro Jahr verdünnt. Ab 2007 wird es voraussichtlich für den einzelnen Bürger billiger, so haben Modellrechnungen ergeben, wenn er die Mülltonnen direkt mit seinen Steuergeldern füllt.

Aber, Leute, wenn ich bitten darf, nach Scheinen sortiert und gebündelt! Wer soll sonst nachzählen, ob es stimmt?

Kommunikationskonfusion

Ist das nicht Pfanni: Eine neue Sprache entsteht – und wir dürfen dabei sein, dürfen allesamt mitwirken! Werfen wir jedoch zur Einstimmung einen Blick in die Geschichtsbücher, der uns schon eine Ahnung davon verleiht, welche Kultur anderen überlegen ist. So machte es sich der Homo Syltus Erectus bereits in komfortablen Hünengräbern bequem, als die Ägypter noch in engen Pyramiden hausten. Unsere Vorfahren wärmten sich schon mit hochmodischen Schaffellen, als die Venezianer sich noch mit dünnen Seidefummeln behangen durch ihre Kanäle fröstelten und beim Singen keinen Ton trafen. Und hier auf Sylt gab es schon Matjesbrötchen mit einem schmucken Salatblatt geadelt, als andernorts der Fisch noch von Tellern gegessen wurde. Eine so konsequent vorangetriebene Hochkultur schraubt irgendwann auch die sprachliche Eleganz auf ein solches Niveau, das man an eine Steigerung nicht mehr glauben mag ...

Gebt einem Sylter etwas in die Hand, und er macht was daraus. Aus einem Haufen Steine zum Beispiel, einem Berg Sand und ein paar Sack Zement fertigt er, ratzfatz, ein Appartementhaus.

Gebt ihm ein paar Klingeln, ein paar Reifen und tausend Speichen – schon eröffnet der Insulaner einen Fahrradverleih.

Eines Tages aber gab man ihnen, den Syltern, die Sprache, das, was so leichthin Hochdeutsch genannt wird. Und wieder machten sie was draus, die Sylter, denn sie fürchten weder Tod noch Teufel.

Sie haben die Sprache, die deutsche Sprache, mit der wir uns so elendiglich abmühen, zunächst einmal analysiert, danach seziert, dann minimalisiert und komprimiert und schließlich, ein weltweites Novum, haben sie die Sprache digitalisiert. Noch bevor die

Japaner das mit der Musik schafften, haben die Menschen auf Sylt diesen ganzen Wortbrei, diesen immerwährenden Hörsturz, diese wie Perlen auf eine Kette gezogenen Konsonanten und Vokale, zum Parlieren und Bewerfen gleichermaßen geeignet, dann aber doch als Sprache zu Ehren gekommen, einfach wieder auf das Elementare reduziert: auf die Wörter »Ja« und »Nee«.

Beispiel I – Stellt man einen Sylter vor die scheinbar simple Frage: »Wohnen Sie in List oder in Hörnum?«, so antwortet er erstaunlicherweise mit »ja«, wobei das J stumm bleibt und das A wie O gesprochen wird, aber hinten offen, wie bei »Oktopussi«.

Außerdem reduziert der Sylter die Sprache in einem Maße, die vor Kurzem noch undenkbar war. Aus diesem Grund braucht er seine Zeit nicht mit Reden oder Sprechen oder Antworten zu vertun, diesem permanenten Hervorkramen von Begriffen, Ineinanderschachteln von Halbsätzen, dem Rauf- und Runtermodulieren der Stimme, entsprechend der Begriffsstutzigkeit des jeweiligen Zuhörers, nein, der Sylter kann sich das sparen, kann die gewonnene Zeit aufs Nachdenken verwenden, denn erstmals ist es ihm gelungen, stenographisch zu denken und auch Stenographie zu sprechen.

Beispiel II – Der Satz: »Guten Tag, meine Dame, herzlich willkommen in Westerland. Darf ich einen Blick auf ihre Kurkarte werfen? Was, sie haben keine Kurkarte? Aber das macht doch nichts. Dann erwerben sie halt eine Tageskarte zum Preis von nur drei Euro fünfzig – ein Service ihrer Kurverwaltung«, dieser Satz erscheint dem Sylter völlig zu Recht als zu lang, zu umständlich und mit zu vielen Höflichkeitsfloskeln gedehnt. Er wird demzufolge reduziert, komprimiert und zurückgeführt auf die Kernaussage. Real hört der Gast nur noch ein blickkontaktloses »Dreurofuffzich« sowie das gleichzeitige Scheppern von Wechselcents auf dem Zahlteller.

Die Abtrennung der Sprachentwicklung auf Sylt vom Rest der Republik hat sich in der Zeit zwischen Martin Luther und den Marx Brothers vollzogen, wie Schüler des Westerländer Gymnasiums im Rahmen des Wettbewerbs »Jugend forscht« preiswürdig herausfanden.

Die bedauerliche Folge ist, dass immer häufiger Missverständnisse und babylonisches Sprachgewirr entstehen, was ein harmonisches Miteinander unsäglich erschwert. Erst gestern hörte ich, wie ein Sylter leise zu einem Gast sagte:»... und das kleine Appartement kostet 150 Euro pro Nacht.« Der Festländer antwortete laut: »Das versteh' ich ja nun überhaupt nicht!« Und das, obwohl der Insulaner in diesem Falle durchaus deutlich gesprochen hatte und sein Satz vollständig war.

Klar ist: Den Beteiligten muss dringend geholfen werden. Es geht nicht an, dass zwei so bedeutende Kulturkreise, zwanzigtausend Sylter auf der einen und achtzig Millionen Deutsche auf der anderen Seite, in Sprachlosigkeit verharren, sich wohl was zu sagen hätten, aber die rechten Worte nicht finden. Nehmen wir sie an die Hand, sammeln wir all diese Besonderheiten, das Sprachbernstein am Wörterstrand, schütteln wir die Fabulierperlen aus dem Strohhaufen des Daherredens. Dann müsste es doch gehen.

Oder verstehen Festlandsdeutsche nicht mal mehr den Satz:»Tu raus die Kohle, Alter, oder nimm den nächsten Regionalexpress nach Klanxbüll!«? Falls es so schlimm sein sollte, dann stehen uns allerdings schwierige Zeiten bevor ...

Kalle, der Kampfraucher

Das Leben, liebe Leute, glaubt mir, ist eine bloße, zufällige Aneinanderreihung von Begegnungen. Begegnungen mit Menschen, die uns etwas geben, Begegnungen, die uns vorantreiben, unserem Dasein neue Horizonte eröffnen, die Fragen nach dem »Woher« und »Wohin« beantworten, Begegnungen, die uns die Kraft geben, auch an grauen Tagen die Sonne zu erahnen. Ich hatte eine solche Begegnung der besonderen Art letzten Samstag in Keitum. Dort prallte ich auf Kalle, den Kampfraucher.

Es war Mitternacht vorbei, trotzdem, am Horizont wollte es nicht recht dunkel werden. Wir saßen in einem herrlich verwilderten Garten, einen trockenen Roten vor uns und hatten uns viel zu erzählen. Einige Geburtstage wurden gemeinsam gefeiert, wir waren alle zusammen bald 80 Leute. Alte Freunde, flüchtige Bekannte, und am Kopf des Tisches? »Du, wer ist denn das da?« – »Ach, das ist Kalle, Kalle, der Kampfraucher. Stell' dir vor, er qualmt 150 Zigaretten pro Tag.«

Ich schluckte trocken, erschrocken und schaute genauer hin. Seine Haut war so blass wie die einer Jungfer aus dem Biedermeier, das Dunkle um seine Augen jedoch war keine Bugatti-Sonnenbrille, sondern die Jahresringe eines existenzialistischen Lebenskampfes. Er schaute mich freundlich an mit seinen rotunterlaufenen, wässrigen Augen, begrüßte mich mit einem harten, bellenden Husten, ein Geräusch, als ob jemand Buchenholz für den Kamin spaltet.

Neugierig gesellte ich mich zu ihm. Mein Interesse für ihn, für sein Leben, verwunderte ihn zunächst. Doch dann erzählte er sprudelnd von sich, von diesem Leben, von seiner ersten Zigarette, heimlich auf dem Spielplatz hinter dem Haus, von der ersten Pfeife, damals im Jazzkeller, und von Onkel Erwins Zigarren. Kalle hat alles geraucht, was brennt, flache Ägypter, schwarzen Afghan, hatte zwischendurch gekokst, geschnüffelt und geschnupft, dann ab und zu ein paar Stangen vom Polenmarkt, solche ohne Banderole.

Inzwischen war er zum Selbstdreher geworden, was er auch gleich demonstrierte.

Geschickt rollte mit seinen gelben Fingern eine neue Fluppe, leckte an der Klebefalz, klopfte das Werk auf dem Tisch zurecht, betrachtete es stolz wie der Herzchirurg einen frisch gelegten Bypass, zündete sich die Zigarette an, sog den Rauch so gierig ein, wie ein Perlentaucher nach Luft schnappt, wenn er nach dreieinhalb Minuten aus zwölf Meter Tiefe auftaucht. Dabei veränderte sich zunehmend die Farbe seiner Gesichtshaut. Sie tendierte jetzt mehr ins Ockergelb, ungefähr wie ein rumänisches Durchreisevisum.

Ein leicht spöttischer Zug legte sich um seinen Mund. So muss Hemingway gelächelt haben, als er sein Zwillingsgewehr ein letztes Mal von der Wand links über dem Kamin nahm.

»Die Freiheit«, begann er nun Philosophisches von sich zu geben, wobei sein Blick ins Unendliche glitt, »die Freiheit ist in erster Linie die Freiheit des Rauchens.« Und dabei spuckte er lässig einen Tabakkrümel, zuvor mit der Zunge mühsam aus der hinteren Mundhöhle hervorgepfriemelt, genau gegen mein Rotweinglas. »Denn was eine Gesellschaft taugt, zeigt sie dadurch, wie sie mit ihren Rauchern umgeht.«

Wohl um dieses Argument zu unterstreichen, schnippte er mit dem Daumennagel an seiner Selbstgedrehten, dass die Asche sich wie ein silbriger Hauch auf den Ärmel meines neuen Jacketts senkte. Da er diese nachdenkenswerten Thesen mit etwas mehr Stimmkraft abgeliefert hatte, was ihn einige Kraft kostete, musste er nun eine kleine Pause einlegen. Die Zigarette war zwischenzeitlich auf einen elendigen Rest zusammengepafft. Doch erst jetzt zeigte Kalle, was in ihm steckt.

Mit Daumen und Mittelfinger krampfgepackt, den Kopf ein wenig zur Seite legend, zog er noch einmal – Mensch, was für ein Typ! – mächtig durch. Die Asche glühte auf, Temperaturen wie im Inneren der Sonne versengten die Fingerkuppen. Hier wurde nichts verschenkt, hier wurde allem alles abverlangt! Die Flimmerhärchen in Kalles Bronchialtrakt bäumten sich noch einmal mühsam auf, der eindringenden, hochtoxischen Wolke Widerstand entgegenzusetzen – doch vergeblich.

Mit der Rechten drückte Kalle den Kippenrest aus, während die Linke schon wieder nervös den Tabakbeutel hervorfummelte. »Alle wichtigen Leute unserer Epoche rauchen oder haben geraucht«, fuhr er fort, während er, wohl doch schon ein wenig gaga, mit hektischen Handbewegungen einen imaginären Schleier vor seinen Augen zu entfernen suchte. »Rosa Luxemburg, Willy Brandt, Marlene Dietrich und Johan Cruyff zum Beispiel. Und wer waren, wer sind die Nichtraucher? Adolf Hitler, Dagobert Duck und Heino. Jetzt kommst du!«

Ich war gerade geneigt, ihm Recht zu geben, ja, kurz schoss mir sogar der Gedanke durch den Kopf, selbst mit der Qualmerei anzufangen, um auf der richtigen Seite zu stehen. Doch dann fielen mir Josef Stalin und Werner Lorant als Mitglieder der Raucherfraktion ein und Mahatma Ghandi als Nichtraucher. Was Kalle dazu sagte? Gar nichts. Er hat mir was gehustet!

Ballsaison auf Sylt

Der Jahresverlauf im Leben der Sylter ist vortrefflich mit der Flugkurve eines Trampolinspringers zu vergleichen: Wenn es auf die Saison zugeht, auf den lichtdurchfluteten Juni, dann hebt der Insulaner ab, erlebt das Sein als Höhenrausch – mehr und mehr stellt sich eine fluoreszierende Leichtigkeit ein. Der Sylter befindet sich quasi auf dem Trip, sieht seine Umwelt rosarot, denn der Rubel rollt. Doch kurz vor dem Scheitelpunkt, also etwa Ende August, wird der Flug langsamer, Erschöpfung macht sich breit, es dräut der Absturz ins Nichts, erste Momente von Spätherbst-Tristesse glucksen bereits durchs Stammhirn. Und schon geht es immer schneller abwärts, nix da zum Festhalten – der Aufprall, wie immer ganz unten, findet mit Wucht statt, der Leib wird zusammengestaucht, man kommt sich zu Recht sehr klein vor. Doch bevor der Mensch endlich Bodenhaftung findet, wird er nach dem unerbittlichen Trampolingesetz erneut empor geschleudert, strebt wieder, wie Major Tom im Orbit, neuen Sphären entgegen. Weniger prosaisch ausgedrückt: Der nächste Frühling, die nächste Saison steht vor der Tür. Doch seien wir ehrlich, diese Darstellung ist arg verkürzt. Denn auch der Winter auf Sylt birgt seine Reize ...

Es war einer dieser vielen Tage, an denen man besser im Bett hätte bleiben sollen: Schneefall satt über Nacht. Am Morgen zwölf kleine Iglus auf dem Parkplatz. Eine halbe Stunde habe ich gewühlt und gebaggert, bis ich merkte, dass ich den Wagen des Nachbarn freigegraben hatte. Wütend habe ich ihn wieder zugeschaufelt und bin zu Fuß in die Redaktion gestapft.

Dort herrscht eine Stimmung wie im Hauptquartier der Liberalen: schlechte Laune, keine Ideen, kaum einer da. Chef-Layouter Müller-Vollwahn hatte Sylvesternacht seinen Lappen auf der

Wache am Kirchenweg abgeliefert und musste mit einem Schlittenhundegespann von Tinnum nach Westerland rutschen. Nun steht er im Hof und füttert die hechelnde Meute mit Stockfischfetzen.

Unser Redaktions-Benjamin, Telefonabnehmer Holger-Maria, schleppt, wie jeden Morgen, frische Brötchen und die Tageszeitung heran. Das macht er, darum mögen wir alle ihn sehr, freiwillig, weil er, so seine pfiffige Begründung, auf dem Wege zur Arbeit an vielen Häusern vorbei komme, vor denen jeden Morgen Brötchen und Zeitungen einfach nur so herumliegen.

Es ist schon fast Mittag, als unser Kultur-Redakteur Carl Peters mit großer Geste die Räume betritt. Seit er bei der letzten Aida-Inszenierung in Verona als Statist mitmachen durfte (als Sklave oder Elefant – vom Typ her hätte er beides spielen können), fährt er einen Alfa-Romeo und hat sich Autogrammkarten drucken lassen. Seitdem hat er seinen Schreibtisch ans Fenster geschoben, um während seiner Pamphlet-Produktion ständig hinausschauen zu können, ob nicht endlich der Claus Peymann kommt, um mit ihm eine Hose kaufen zu gehen und ihn für sein Berliner Ensemble zu engagieren. Heute ist Peters ganz locker-flockig drauf. Mit einer mächtigen Armbewegung entmüllt er seinen Schreibtisch und knallt eine riesige Reisetasche obendrauf.

»Sklaven, Bürger und Kollegen – hört meine Worte: Lasst die Ohren nicht hängen! Die Tristesse hat ein Ende: Es ist Ballsaison auf Sylt! So lasset uns die Polarnächte durch tanzen, mit schönen Weibern, im Champagnerrausch, zu Walzerklängen!«

Holger-Maria, mit solch operettenhaften Lebenslust-Kaskaden nicht vertraut, staunt mit offenem Mund. Der Rest jedoch vergräbt sich entsetzt in den Manuskripten. Carl Peters wühlt derweil in seiner mobilen Müllhalde herum.»Ich war in Kiel beim Kostümverleih«, dröhnt er mit mächtigem Bariton und zerrt stolz etwas hervor, das wie ein toter Pinguin ausschaut.

Unsere Quotenfrau, Betty Barcley, schaut über ihre randlose Halbbrille und spöttelt:»Ach, Herr Kollege, müssen sie sich schon als Kellner einschleichen – bekommen sie keine Einladungen mehr?«Da zwischen den beiden eine funktionierende Hassliebe besteht, blafft Peters zurück:»Gnädige Frau, wenn sich ihre Teilnahme am gesellschaftlichen Leben auf Sylt darauf beschränkt, in lila Fähnchen auf dem Frauenfest herumzuhüpfen, bitteschön. Ich gehe zum Unternehmerball, da trifft sich die Creme, da gehöre ich dazu. Ihnen werde ich dort wohl kaum begegnen« Und dann versucht er auch noch, uns fertig zu machen, indem er auf den sportiven Charakter des Tanzens hinweist und auf eine folglich gekürzte Lebenserwartung bei Nichtteilnahme.

Unser Chef-Layouter Müller-Vollwahn, aus gegebenem Anlass vom Cognac-Kenner zum Blau-Kreuzler konvertiert, holt seinen Taschenrechner hervor:»Das klappt aber nur bei totaler Abstinenz. Denn die übliche Flasche Champagner plus eine Flasche Rotwein, das macht so übern Daumen 180 Gramm Alkohol. Leute, das ist für den Körper eine Strapaze wie ... na, wie ein Sturz aus dem zweiten Stock!«

Ein abwegiger Vergleich. Trotzdem sind wir hellwach: Müller-Vollwahn als Missionar für ein rauschfreies Leben – ein Jammer, dass es jemals so weit kommen musste. Sein Führerschein liegt beim Amtsgericht Niebüll und ein Großteil seines Blutes befindet sich in zwei Reagenzgläsern bei der Kieler Gerichtsmedizin. Kein Wunder, dass der Mann gespalten ist. Sportredakteur Wolf-Peter Flaschmann lugt hinter seinem Bildschirm hervor:»Ich seh' das genauso wie Müller-Vollwahn. Knallkohol als Rauschmittel ist out. Heute saugt man sich das alles mental über die Zwirbeldrüse rein. Ich mach jetzt Fallschirmspringen – das ist der Überhammer. So in 3000 Meter Höhe aussteigen, die Insel unter mir wie ein taubenschisskleiner Autoaufkleber, 2000 Meter freier Fall, das Leben zappt vorbei wie ein Werbespot, dann die Leine reißen und die letzten fünfhundert Meter dahinschweben wie eine Feder – ich sage euch, wenn ihr dann unten aufschlagt, dann seid ihr derart voll mit Endorphinen, dann könntet ihr die ganze Welt vögeln.«

Wir staunen. Dieses Vokabular! Früher hat Vollwahn Billard gespielt und ist dabei manchmal vor Langeweile mit dem Queue in der Hand bäuchlings auf dem Tisch eingeschlafen. Heute plumpst er wie ein Germknödel vom Himmel und will uns diese Paranoia als aphrodisierenden Leistungssport unterjubeln.

Mitten in dem Trubel geht die Tür auf und Verlagsleiter Ulli Utland kommt hereinspaziert. »Leute, hört mal alle her! Ich habe eine Überraschung für euch. Also, unseren Betriebsausflug nach New-York-Ground-Zero lassen wir ausfallen. Ich habe noch einige Restkarten für den Unternehmerball aufgetrieben. Da gehen wir gemeinsam hin. Übrigens, zufällig haben unser Sportredakteur Flaschmann und unser Chef-Layouter Muller-Vollwahn an dem Tag zehnjähriges Jubiläum. Ich gehe davon aus, meine Herren, dass sie an diesem Abend die Getränke übernehmen...«

Tja, so ist er, unser Boss, immer gut für eine kostensparende Idee. Und wo steht geschrieben, dass immer der Unternehmer die Zeche zu zahlen hat? Flaschmann und Müller-Vollwahn geben, soviel steht fest, ihre Kohle sowieso nur für unnützes Zeug aus – also bitte: Wo geht's hier zur Ballsaison?

Eviva Mallorca

Der normale, in abhängiger Arbeit stehende Mensch schleicht jeden Morgen ins Büro oder an die Hobelbank und knechtet seinen Achtstundentag herunter, damit der Hunger gestillt und Daseinsvorsorge betrieben werden kann. Durch Beiseitelegen kleinerer, vom Munde abgesparter Sümmchen kann er dann irgendwann Urlaub machen, sein Bündel schnüren und hinausfahren in die Welt. Dort lässt er dann die Seele baumeln und denkt während der zwei oder maximal drei Wochen darüber nach, wie er die Arbeitskollegen nach seiner Heimkehr in den nackten Neid treiben könnte:»... und nach der Fahrt mit dem Jeep in die Berge, ein fantastisches Panorama, ich schwör's euch ... haben wir in der Altstadt, auf der Piazza Prozzo, eine ganz entzückende Trattoria endeckt, ein totaler Insidertip, aber absolut angesagt, speziell unter Künstlern ... und der Wein, ein göttlicher Tropfen ... naja, wir natürlich gleich zwei Kisten in den Kofferraum ...«

Dort, wo normalerweise das Leben tobt, in unserer Redaktion, gähnen die Tastaturen. Leblos hängen ein paar ausgebleichte Pressemitteilungen aus dem Faxgerät, die Kakteen auf der Fensterbank trocknen dem Heldentod entgegen, und keine, aber auch nicht eine einzige Vernissage liegt an, wo man sich mal wieder so richtig auf lau durchfuttern könnte.

Auch der Bildschirmschoner karriolt wie betrunken auf der Mattscheibe herum und das Summen der Neonröhren übertönt die Totenstille: Es ist November – Urlaubszeit auf Sylt. Keiner ist da, keiner weiß was, und keiner will was wissen. Es herrscht Info-Wüste, Reporter zweifeln an ihrer Daseinsberechtigung. Zur selben Zeit hängen die Insulaner, die das gesellschaftliche und politische Leben auf Sylt bestimmen, an den Swimmingpool-Bars auf den Malediven herum oder saufen Cuba-libre in der Deutschen Dominikanischen Republik.

Auch unser Redaktionsteam hat sich in alle Winde verstreut, um sich zu zerstreuen. Anstatt bleistiftkauend den Pulitzer-Preis anzustreben oder per Textverarbeitung Bleiwüsten zu produzieren, ist man zum bleischweren Abschlaffen der verschwindenden Sonne hinterher gebrettert.

Ich verrichte nur notdürftig den Notdienst und redigiere resignierend die spärlichen Nachrichten, die aus dem Westerländer Rathaus herauströpfeln. Selbst die gängigen Intrigen köcheln bestenfalls statt zu kochen. Da plötzlich knallt die Tür auf und Kulturchef Carl Peters springt Flamenco tanzend ins Vorzimmer des hinteren Redaktionsraums. »Eviva Espania! Ooh, du, meine Sonne Spaniens ... Orangenhaine im Schatten maurischer Baukunst ... und dann diese glutäugigen Spanierinnen ... sie haben mir erst den Schlaf und dann den Verstand geraubt!« Und schon steht er an der Pinnwand und trägt mit zerbröselndem Bleistift seinen nächsten Spanienaufenthalt in den Gemeinschafts-Urlaubskalender ein. Aha, so geht das also ab, wenn jemand die vergangenen zwölf Jahre seinen Urlaub im Teutoburger Wald verbracht hat, um sich Hermann, dem Cherusker, historisch zu nähern und dann, ganz unvorbereitet, auf den Liebreiz der mediterranen Welt prallt ...

Inzwischen hat sich graumäusig und unauffällig Chef-Layouter Müller-Vollwahn an seinen Schreibtisch geschlichen, packt Thermosflasche und Brotdose aus und schmeißt seinen Computer an.

»Eh, Alter, erzähl mal«, rufe ich hinüber, »wie war denn dein Urlaub?« Müller-Vollwahn rutschen die Mundwinkel auf Halbmast, und ein resignativer Grauschleier huscht über sein Gesicht: »Mensch, erinner' mich bloß nicht daran! Mallorca, irgendwo zwischen Arenal und Hooligan-City, »Hotel an der Umgehungsstraße« mit Blick auf die Müllcontainer, Disko im Erdgeschoss, Baustelle vorm Haus und die Kakerlaken im Appartement. Die Wände so dünn, dass man die Nachbarn nicht nur hören, sondern auch sehen konnte. Vom Essen bekam ich Magenbeschwerden, vom Baden Hautausschlag und vom Straßenlärm Migräne. Aber Hauptsache, die Kinder waren happy ...«

Und während er in ein abgrundtiefes Schluchzen gleitet und stammelt:»Ich hab' mich die ganze Zeit nach euch und nach meiner Arbeit gesehnt!« reiße ich schnell eine Cognacflasche auf und betupfe die Stirn unseres leidgeprüften Kreativdirektors.

Telefonabnehmer Holger-Maria, der Redaktionsbenjamin, kommt kurz darauf qietschfidel und braungebrannt hereinspaziert, in Gummistiefel und Lodenmantel verpackt. Alle stürzen sich, das Elend des Layouters schlagartig vergessend, sogleich auf ihn:»Ja sag mal, wo bist du denn gewesen, komm, erzähl es uns, guter Holger-Maria!«

»Nun ja,« hebt Holgi selbstgefällig an und knallt eine Kiste Cox Orange auf den Schreibtisch,»ich war bei meiner Tante Frieda im Alten Land. Die hat da 'ne Obstplantage, und ich hab' halt bei der Ernte geholfen und so. Tschä, und nun hat sie mich zum Haupterben gemacht...« Und dabei beißt er so laut krachend in einen der Bilderbuchäpfel, dass die Kühlschranktür aufspringt. Auf eine lässig-einladende Handbewegung unseres Telefonisten hin stürzen wir uns auf die Obstkiste, um uns kauend und schmatzend die Backentaschen vollzustopfen.

Und während wir voller Elan und Ideenreichtum dazu übergehen, Holger-Maria die Vorzüge einer Apfelkornbrennerei auf seinem Erbhof näher zu bringen – wir würden ihn dann auch alle oft und gern besuchen kommen – schneit Verlagsleiter Ulli Utland herein:

»Leute, hört mal her, ich habe eine tolle Nachricht für euch. Vom Bundesverband der deutschen Zeitungsverleger haben wir den ersten Preis für unser excellentes Titelblattlayout bekommen. Ich denke, es ist in eurem Sinne, dass wir diesen Preis dem Kollegen Müller-Vollwahn zukommen lassen.« Die Belegschaft applaudiert neidisch aber heftig. Nur der etwas linkische und ewig misstrauische»MV« verzieht noch keine Miene:»Was ist das denn für ein Preis?«»Ein zweiwöchiger Mallorca-Aufenthalt mit Familie, was sagen sie jetzt, Müller-Vollwahn? ... He, he ... was ist denn plötzlich los mit ihnen? ... Nun nehmt ihm doch mal dieses Brotmesser aus der Hand, mein Gott, Müller-Vollwahn, so beruhigen sie sich doch ... ich verstehe diese Mallorca-Allergie der Sylter nicht ... ?!?!«

68

Kleine Typologie Sylter Radfahrer

Wie wir wissen, gibt es auf Sylt die schärfsten Models, die edelsten Restaurants, die herrlichsten Strände, das beste Wetter, das sauberste Wasser, die schönsten Radwege und beim Radfahren immer Rückenwind. Kein Wunder also, dass die Radfahrer gerade hier auf Sylt ungewöhnlich ausgeglichen wirken. Ja, man kann sogar sagen, Radfahrer sind zumindest auf diesem Eiland die besseren Menschen. Immer freundlich, immer rücksichtsvoll, immer hilfsbereit. Was, das glauben Sie nicht? Sie halten Radfahrer für ausgemachte Verkehrsrowdies, die sich an keine Regel halten und durch keine Ampel zu bremsen sind? Kann auch sein ...

Der Homo Syltus Erectus bildet sich ein, stets in sich zu ruhen und dadurch die mentale Kraft zu besitzen, jedwede Krisensituation souverän zu meistern. Nur zwei Dinge fürchtet er, weil er ihnen nichts entgegenzusetzen hat: Springfluten bei Windstärken über zwölf und Badegäste auf Fahrrädern, welche in Gruppen, Horden oder Kolonnen unterwegs sind. Aber der Sylter hat es mit den Jahren gelernt, zwischen diesen heranklingelnden und daherklappernden Zweirad-Invasionen fein zu unterscheiden:

1. Da haben wir zunächst den als Familienvater getarnten Pascha, der mit einem All-Terrain-Trekking-Bike für wenigstens 1.500 Euro seine Kuriositäten-Karawane anführt, verfolgt vom Stammhalter in atemloser Fahrt auf einem Low-price-Versandhausfahrrad mit eingebauter Unwucht und hauchdünner Verkaufslackierung, die den ersten Rostfraß schon vor dem Postversand erlebte. Zweihundert Meter zurück folgt die Mutter, in marienhafte Gleichmut versunken, auf einem 26-Zoll-Konfirmationsrad ohne Gangschaltung durch die Dünen klappernd, vor sich ihre

69

kleine Tochter auf einem bonbonfarbenen Fahrrad, mächtig stolz darauf, ihre erste Saison ohne Stützräder zu absolvieren. Mit ihrem leuchtfarbenen Fahrradhelm sieht sie aus wie ein fröhlicher Fliegenpilz auf der Flucht. Wenn dem erfahrenen Sylter Radler eine solch glückselige Vereinigung entgegenkommt, dann macht er eine Vollbremsung und bringt sich im nächsten Telefonhäuschen oder kopfüber in einem mit stacheliger Heide bewachsenen Dünental in Sicherheit.

2. Eine andere Gattung bilden Radfahrerinnen, die sich vor allem durch Beharrlichkeit auszeichnen: Jahrgang 1918 bis 1922, gelernte Trümmerfrauen, vier bis sechs Kinder großgezogen und zwei Männer überlebt. Nach 46 Jahren Putz-, Koch- und Einkaufdienst sitzen sie nun hier auf Sylt endlich mal wieder auf einem Fahrrad. Wo sie sich gerade befinden, kann man präzise anhand der Verkehrsfunkdurchsagen des NDR verfolgen:»Achtung, eine Gruppe Radfahrerinnen auf der Kreisstraße nach List – Rückstau von der Vogelkoje bis nach Wenningstedt – eine Umleitung kann nicht empfohlen werden – wir informieren sie, sobald die Gefahr vorüber ist.«

3. Sehr beliebt ist auch der Typus Rennfahrer. In seinem quietschbunten Dress sieht er aus wie eine amoklaufende Litfaßsäule. Er meidet Radwege und mag rote Ampeln nicht beachten, denn wenn sich beim dann erforderlichen Anhalten die Adapterschuhe nicht schnell genug von den Pedalen abklicken lassen, fällt er mitsamt seiner Rennmaschine um wie ein nasser Sack. Aus diesem Grunde führt der Rennradfahrer auch einen permanenten Kleinkrieg mit der Obrigkeit, in diesem Fall vertreten durch die Polizeiobermeister Pahlke und Persson, die smarten Dorfsheriffs von List und Hörnum. Die lauern mit Vorliebe hinter ihrem Ortsschild, um solche mit 24 Gängen dahinrasenden Ordnungswidrigkeiten abzugreifen.

Doch wenn eines dieser Jan-Ullrich-Imitate irgendwann seine 150 Kilometer abgehechelt hat, besucht er gern eines der gemütlichen Sylter Kaffeehäuser. Und die ihm nachfolgenden Gäste kön-

Dieses Wunderwerk der Technik …

nen dann anhand des plüschigen Sessels, auf dem unser Pedaleur zwanzig Minuten verbrachte, tadellos erkennen, dass die Transpirationsfähigkeit eines Radlers mittels des durchfeuchteten Hirschledereinsatzes seiner Rennhose bleibende Eindrücke hinterlässt.

4. Eine radwandernde Schulklasse unterscheidet sich von einer Dampfwalze dadurch, dass diese Fahrradhorde keine Gnade kennt. Zu zweit, zu dritt oder zu viert nebeneinander rollend, walkmanmäßig querverkabelt, freihändig fahrend, den Gameboy bedienend und dabei immer bemüht, das Rücklicht des Vordermannes abzufahren, so walzen sie sich wie ein Bataillon Freibeuter vom Westerländer Bahnhof zur Jugendherberge nach List. Der dazugehörige Lehrer macht mit seinem zum Schlachtschiff hochgerüsteten Hollandrad (Kartenhalter und UKW-Radio sowie Kompass am Lenker) den Schlussmann. Der kleine Timmy, aufgrund seines extremen Übergewichts von seinen Klassenkameraden liebevoll »Meat Loaf« genannt, wird wegen drohenden Herzstillstands von seinem Pauker abgeschleppt.

5. Eine weitere sylt-spezifische Radler-Erscheinung ist der Mountain-Biker, der kaufkräftige, innovative und moderne High-Tech-Freak. Der Alu-Rahmen stammt aus Amerika und ist wie die Teflonpfanne ein Abfallprodukt der Weltraumforschung. Filigranste Schalt-Komponenten aus Japan verwerfen die Kette fein positioniert. Dieses Wunderwerk der Technik, auf dem Dach eines Achtzylinders auf die Insel geschleppt, hat auf der Fahrt nach Sylt zuerst den Luftwiderstandsbeiwert seines Autos und dann dessen Benzinverbrauch steil hochgerissen. Endlich ist er dann irgendwann angekommen und macht die erste Fahrt mit seiner Maschine – in voller Montur, versteht sich, behelmt und mit verspiegelter Sonnenbrille. Drei riesige Flaschen ISO-Drinks am Rahmen schwappen derart hin und her, dass die Tour einer Tretbootfahrt im Munkmarscher Hafen ähnelt. Wichtig ist ihm nicht, dass sein Rad einwandfrei fährt, sondern dass bei jedem feierlich zelebrierten Abstieg von seiner Maschine minderjährige Techno-Freaks auftauchen, denen er sich gnädig widmen kann. Sind die Hersteller,

Legierungen und Preise der einzelnen Komponenten erläutert, beginnt die Zeremonie des Wiederaufstiegs und die Suche nach neuem Publikum vor dem nächsten Strandcafe. Abends sitzt unser in die Technik verliebte Freund in seinem Kampener Ferienhaus und putzt das in seine Einzelteile zerlegte Fahrrad mit Q-Tipps und Zahnbürste bis es blinkt und glitzert. Auch die Lager schraubt er auf, um die kleinen Kugeln einzeln zu polieren und anschließend im Mund auf 37 Grad vorzuwärmen, damit das Kugellagerfett nicht fröstelt ...

Womit bewiesen wäre, dass der anfängliche Dissenz über das Wesen deutscher Radfahrer zu grob gerastert ist und den Dingen nicht auf den Grund geht. Radfahrer, so lehrt uns die anschließende, kleine Typologie, sind so heterogen wie Heterosexuelle. Nur eines haben sie garantiert gemeinsam. Alle stöhnen über Gegenwind. Dabei gibt es eine ganz praktische Antirezeptur: Einfach umdrehen und zurückfahren ...

Vom richtigen Umgang mit Promis

Nein, es ist nicht nur die gute Luft und der Zauber der Natur, die uns Syltern das Leben so versüßen. Was uns aus der grauen Masse der Deutschen heraushebt, das ist der stete und enge Kontakt zu den Prominenten, zu den Very Important Persons, diesen silberlockigen Lichtgestalten, die via TV wortgewaltig, mattgepudert und satellitenschüsselig mit dem deutschen Volk am Abendbrottisch sitzt. Stets haben sie mit messianischer Inbrunst etwas aus ihrem Privatleben mitzuteilen, so dass kaum jemand wagt, die Kiste auszuknipsen. Wir Sylter sind auf solche gefilterten Brosamen nicht angewiesen, wir erleben diese Leute live, wir kennen sie persönlich. Doch da ein großer Teil der Yellow-Press-Akteure immer mal wieder wegen Steuerbetrügereien, Kokshandel oder Alk am Steuer eingebuchtet wird, müssen wir hier auf Sylt auch schon mal mit der zweiten Garnitur vorlieb nehmen: mit den umtriebigen Handy-Gangs der Werbefernsehanstalten, den Sprösslingen und Friseuren der Stars garniert mit einer Handvoll Ferrari fahrender Glücksritter der New Economy ...

Freudig rotiert unser inneres Glücksrad und unser Atem stockt, wenn wir bei HB Jensen in der Schlange vor der Kasse stehen und hinter uns – wenn ich das im Betrieb erzähle, das glaubt mir keiner – Margarethe Schreinemakers mit dem Kleingeld und den Augen klimpert. Oder wir stehen gedankenverloren bei Leysieffer, schlürfen unseren Nachmittagskaffee, und plötzlich bremst Uwe Ochsenknecht mit Dackelblick und Kuchenteller an unserem Tisch und lässt uns teilhaben an den Sorgen und Nöten des Jet-Sets.

Viele unserer Gäste, die aus den Industriebrachen des Niederrheins oder aus der oberbayerischen Tundra zwischen Straubing und Tutzing nach Sylt reisen, um Kultur und Modernes Leben zu tanken, können mangels jener Souveränität, die nur langjährigem Umgang und Training entspringt, nicht so recht mit der Hochprominenz umgehen. Auch unsere Brüder und Schwestern aus den neuen Bundesländern müssen sensibel an den normalen, entspannten Verkehr mit den Personen des öffentlichen Lebens herangeführt werden.

Ich beobachtete kürzlich einen Seniorenverein aus Zwickau, dessen Mitglieder arglos die Friedrichstraße hinaufschlenderten. In Höhe Gosch lief ihnen Mike Krüger in die Arme. Wie früher, wenn Margot Honecker sich unters Volk mischte, wurde ekstatisch gejuchzt, fiebrig Körperkontakt gesucht und durch hektisches Hyperventilieren ein Notarzteinsatz provoziert.

Leute, so läuft das doch nicht! Da geht man locker 'ran, ohne die Stimme zu heben, so mit emotionalem Understatement und sülzt: »Hello, Mike! Was macht dein Handikap?« Womit man nicht den Zustand seiner asymmetrisch gewachsenen Körperteile erfragen will, sondern Interesse an seinen Fortschritten auf dem Golfplatz heuchelt.

Darüber hinaus bereitet es unseren Gästen Schwierigkeiten, nach einer solch aufwühlenden Begegnung der Dritten Art in der Familie oder am Stammtisch das Geschehen korrekt zu gewichten. Was zählt mehr? Zwei Flaschen Wodka mit Udo Lindenberg am Tresen der Eisenbahner-Kantine oder ein Nachmittag am Wenningstedter Fkk-Strand im Windschatten von Ottfried Fischer?

Andersherum: Welches Ereignis ist unerträglicher? Seinen Obstkuchen mit Schlagsahne in der ›Kupferkanne‹ essen zu müssen, während der Allzweckmoderator Carlo von Tiedemann den ganzen Kaffeegarten schwindelig sabbelt, ohne dass man ihn ausknipsen kann. Oder auf einem Spaziergang mitzuerleben, wie Karl Lagerfelds Gespielinnen und Musen für ein paar Pressefotos durch die Dünenanpflanzungen stöckeln?

Damit wir diese verschiedenen Unzumutbarkeiten in ihrer Zumutbarkeit korrekt einschätzen können, habe ich vor kurzem ein geeichtes Promi-Messgerät entwickelt: Das sogenannte ›Dallometer‹! Die Grundeinheit ist klar: Begegnet man Karl Dall im Strönwai, was höchst gewöhnlich ist, zeigt das Gerät 100 Dall an.

Das ist der absolute Mittelwert, die Grenze zwischen Lächerlichkeit und Prominenz. Wer VIP sein will, muss weit darüber liegen. Karl Lagerfelds Stern sinkt besorgniserregend. Er nähert sich, nach beachtlichen 420 Punkten im Anschluss an die Übernahme der Chanel-Kollektionen nun im freien Fall der 200-Dall-Grenze. Der Grund: Ein würdeloser Auftritt bei Alfred Biolek. Solche Gastspiele kosten enorm Punkte. Sollte Lagerfeld die jetzt erreichte Demarkationslinie noch unterschreiten, kann er sich Einladungen zu den wichtigsten Partys der Saison abschminken.

Die Stars der Fußball-Bundesliga haben damit keine Probleme. Sie erzielen Spitzenwerte. Bei den letzten Prominenten-Fußballspiel in Westerland allerdings bröckelte es mächtig. Figuren wie Max Lorenz, ›Ente‹ Lippens oder Karl-Heinz Rummenigge erreichten keine dreistelligen Werte mehr wie einst Uwe Seeler, Franz Beckenbauer und Fritz Walter, die im Mega-Prom-Bereich von 600 bis 800 Dall herumtricksten. Sogar eine Woche nach einem Spiel mit dieser Besetzung konnte man in der leeren Umkleidekabine des Sylt-Stadions noch einen Verstrahlungswert von mehr als 300 Dall messen. Aber das ist schon über zehn Jahre her.

Einmal ist Norbert Blüm an mir vorübergelaufen. Also, ehrlich, ich mag diesen Polit-Gartenzwerg ganz gern. Aber das Dall-o-meter hat überhaupt nicht ausgeschlagen. Es reagiert nämlich erst bei Erscheinungen ab einem Meter Höhe.

Wer nun, diese Frage liegt in der Luft, erzielt den höchsten Wert auf unserem neuen High-Tech-Gerät? Wer hat die stärkste Ausstrahlung, wer hortet die meisten Sympathiepunkte? Wer steckt die Eintagsfliegen und Zeitgeiststatisten allesamt in die Tasche?

Richtig, es ist unser Freund und Meister Harald Schmidt! Er hat alle Hürden genommen, alle Grenzen überschritten. Er ist der einzige, der zählt. Er verkörpert Jugend und ist schon Legende. Wieso? Deswegen: Wenn Schmidt am späten Dienstagabend aus der Kulisse segelt, endet jeweils eine dreitägige, intellektuelle Durststrecke. Er ist der Heros, der den alltäglichen Wahnwitz karikiert und entlarvt, der sie fertig macht, all diese Dumpfbacken, Lusttöter, diese personifizierte Verelendung des Geistes, diese über ihre eigenen Tränensäcke durchs Leben stolpernden Betroffenheitsapostel. Er, der deutsche dirty Harry, serviert dem Volk seinen Hämenektar, er ist der Zynismus-Guru der Nation, ohne meine Dosis Schmidt finde ich nur noch schwer in den Schlaf. Ihm gebührt die Krone. Bei ihm knallen dem Dall-o-meter die Sicherungen durch!

Nur leider: Dieser begnadete Entertainer zählt nicht gerade zu Sylts Stammgästen. Man sieht ihn nur zuweilen auf dem Itzehoer Bahnhof sich die Beine vertreten ...

Survivaltraining auf Sylt

Mit dem Zeitgeist verändert sich zwangsläufig auch das Urlaubsverhalten. War es früher üblich, Sandburgen zu bauen und den Hintern in die Sonne zu strecken, so will der Gast heute an die Hand genommen und in ganz andere Erlebnissphären gezerrt werden. Das neue Motto: Urlaub ist erst schön, wenn er weh tut. Danach ist es trendy, seinen eigenen Belastungsgrenzen entgegenzuhecheln, liebgewonnenen Verhaltensmustern abzuschwören, tief ins eigene Ego abzutauchen und mit seinen Trieben und Ängsten freudianische Ringkämpfe auszutragen. Aber dafür müssen wir nicht mehr um den halben Erdball düsen. Das können wir jetzt auch einfacher haben – bei der Kurverwaltung in Westerland ...

Immer wieder im Frühsommer ist Alarm auf Sylt! Jedwede Zuversicht stürzt ins Juniloch, jener Hungerperiode zwischen Pfingsten und dem Beginn der Sommerferien. Die Warnsignale sind nicht zu überhören, sie sind überdeutlich: 20 Prozent weniger Gäste! Was ein Streifschuss hatte werden sollen, traf genau zwischen die Augen. Denn der potentielle Sylt-Urlauber kennt seine Schmerzgrenzen, lässt nicht mehr alles mit sich machen und düst schon mal für 'n Appel und 'n Ei zum Sonnenbrand-Calypso-Urlaub in die Karibik, statt sich von friesischem Dauerregen vollsaften zu lassen.

Aber unsere Kurdirektoren schlafen nie. Schon gleich nach einer der zahllosen Neueröffnungen des Badetempels Sylter Welle ersonnen sie einen weiteren Knüller, der bundesweit Aufsehen erregen musste. Mit einem Super-Sonderarrangement wollten sie in der Zwischensaison die syltadäquaten, einkommensstarken Schichten auf die Insel locken. Das Stichwort lautete: Abenteuerurlaub, Überlebenstraining, Survivaling!

Hatten deutsche Manager bis dato nur mit einem Taschenmesser ausgerüstet die Amazonas-Regenwälder durchquert und sich ausschließlich von Krokodilen und Moskitos ernährt, so sollten sie fortan das Leben und Überleben in Grenzbereichen auch auf Sylt ausprobieren können.

Der diplomierte Kursportlehrer wurde angewiesen, mit der ihm angeborenen Erbarmungslosigkeit Übungen zusammenzustellen, die jedem deutschen Manager die Seele verhornen würden. Gleich nach ihrer Ankunft auf Sylt mussten die Teilnehmer erst einmal ihre Mobiltelefone abgeben – eine moderne Form seelischer Grausamkeit. Ohje, war das ein Jammern und Zähneklappern, so als würde man aus einem Kapuzinerkloster sämtliche Rosenkränze abtransportieren.

Darauf folgte der erste, schwer lösbare, Selbstzweifel auslösende und tiefste Seelengründe auslotende Test: Suchen Sie eine Busverbindung vom Westerländer Bahnhof nach List, lösen einen gültigen Fahrschein und treten Sie die Fahrt von A nach B an. Um die Aufgabe ein wenig zu würzen, wird der Omnibus mit zwei Schulklassen aus Hamburg-Billstedt und Berlin-Marzahn vollgepfropft. Übernachtet wird dann in der Jugendherberge List in gemütlichen 32-Bett-Zimmern – gemeinsam mit diesen beiden sympathisch temperamentvollen Schulklassen. Kursteilnehmer, die schon dieser Aufgabe mental nicht gewachsen waren und von Suizidgedanken heimgesucht wurden, bekamen eine Designermischung vitaler Anaboline intravenös verabreicht.

In der zweiten Nacht stand dann eine Aufgabe des Schwierigkeitsgrades drei an, quasi der Schwarze Gürtel für Abenteuerurlauber. Entweder zerbrach der Proband daran oder die Aktion stülpte ihm gleichsam ein neues Karma über, erhob ihn in die nächsthöhere Inkarnation: Es galt, des nachts um zwei Uhr dreißig die Fußgängerampel vor H.B. Jensen bei Rot zu überqueren! Bibbernd und zitternd standen die Kandidaten da, das rote Licht auf der anderen Straßenseite starrte sie an wie das Mündungsrohr eines GSG-9-Scharfschützen, der Blutdruck sackte ab, der Pulsschlag schoss nach oben.

»Leute, nun reißt euch zusammen«, flehte Kursportlehrer Katzera, »es ist kein Auto weit und breit, kein Mensch ist zu sehen. Nun gehen sie doch einfach rüber!« Doch die Mitglieder des Abenteuer-Urlaubs-Kurses klammerten sich aneinander, als sollten sie sich zum ersten Mal mit dem Gleitschirm vom Matterhorn stürzen.

»Nein, das ist doch krass verkehrswidrig«, meinte die CDU-Kanaille Dr. Kunibert Bleckmann, seines Zeichens Unterstaatssekretär im Europaministerium, »so etwas mache ich schon aus ethischen Gründen nicht. Als Politiker habe ich unserer Jugend als Vorbild zu dienen.«

Endlich löste sich einer aus der Gruppe, Paul M. Lobbymann, Verkaufsleiter beim größten europäischen Rüstungskonzern. Er verbrachte sein halbes Leben im Stahlbad deutscher Truppenübungsplätze und war darum der Mutigsten einer. Zögerlich setzte er einen Fuß auf die Straße. Edelpenner Herbi, der wie stets vorm

Eingang des Kaufhauses campierte, hob den Kopf aus seinem wärmenden Unrat hervor und bellte:»Los, du Windei, geh endlich los!«Dergestalt ermutigt vom einfachen Volk tänzelte Paul M. Lobbymann nun über die Straße wie ein Fakir über glühende Kohlen. Das lähmende Schweigen entlud sich in Jubel und Beifall. Die Reality-Fernsehteams von RTL 2 interviewten den Helden:»Erst Amundsen am Südpol, dann Charles Lindbergh über den Atlantik und jetzt sie bei Rot über die Fußgängerampel. Woher nehmen Männer wie sie, Paul, diesen Mut?«

Mister Lobbymann legte die rechte Hand aufs Herz und sprach:»Meine Devise lautet: Frage nicht, was dein Land für dich tun kann, frage, was du für dein Land tun kannst.«Frenetischer Jubel brandete auf nach diesem abgenudelten Kennedy-Zitat. Kurz darauf beschloss der Stadtrat die Maybachstraße in Paul-M.-Lobbymann-Avenue umzubenennen. Dieses Beispiel lässt erahnen, welche Verdienste manch Sylter Kommunalpolitiker vergangener Jahrzehnte errungen haben mögen, nach denen dieser oder jener Trampelpfad benannt ist ...

Die Bahn lebt

Ich fahre, das kann und will ich nicht leugnen, gerne Eisenbahn. Mit diesen neuen stromlinienförmigen ICE's durchs Land zu brausen, pfeilschnell – einfach geil. Im Restaurantwagen à la carte speisen, angenehme Mitreisende, klassische Musik in der Armlehne und draußen, hinter den getönten Scheiben, fliegen die blühenden Landschaften vorbei – Mensch, was willst du mehr? So indes erleben wir die Fahrten aus den südlichen, östlichen oder westlichen Gefilden der Republik leider nur bis nach Hamburg-Altona, dem letzten Vorposten der Zivilisation vor Schläfrig-Holstein. Dort wird der Fahrgast gezwungen umzusteigen in einen, welch pompöse Bezeichnung, »Regionalexpress« – bei Lichte besehen ein schmuddeliger Aluminium-Blechwurm, zusammengehalten von Dreck und Graffiti, aber geadelt durch einen ehemaligen Reichsbahnwaggon, in dem noch der Geruch des realen Sozialismus hängt, der aber allen Ernstes die 1. Klasse darstellen soll. Man steigt ein und landet in einer fremden Welt, einer kafkaesken Mischung aus Braunschweiger Karneval, Rush-Hour in Tokio und einem Vatertagstreffen der Hells Angels ...

Es ist Billig-Ticket-Tag. Ich sitze nicht, ich krümme mich wie eine Bettwurst in der Hutablage. Über mir im Gepäcknetz tagt ein Kegelverein aus Castrop-Rauxel im immer dichter werdenden Küstennebelrausch, daneben zwei Bundeswehrsoldaten aus Buxtehude, die ihre Beine in mein Gesicht baumeln lassen, eine Austauschschülerin von den Färöer Inseln, die ihren Gasteltern 12 Kilo Trockenfisch mitbringt und eine junge Mutter aus Pinneberg mit ihrem plärrenden Gör.

Unten auf den sechs offiziellen Sitzen des Abteils tummeln sich die Menschenmassen wie in der Ostkurve des Westfalenstadions, knöcheltief in leeren Bierdosen raschelnd. Ein säuerlicher Geruch aus Fußschweiß, Billigfusel und Zahnprothesen weckt in mir die Erinnerungen an meinen letzten Aufenthalt in einer Ausnüchterungszelle in Haarlem.

Das Kind über mir, das nur aus Stimmbändern und Saugmuskeln zu bestehen scheint, nimmt über seine vollgepinkelten und somit nach unten abtropfenden Windeln nonverbalen Kontakt zu mir auf. Es ist also alles in Ordnung, nur mein dritter Rückenwirbel droht aufgrund der gekrümmten Lage herauszuspringen, meine linke Hand ist unter dem Gestellrucksack der Färöer-Austauschschülerin eingeklemmt und die Designerbrille verweigert mir wegen der hervorragenden Transpirationsleistungen dieses multikulturellen Menschenauflaufs jeden Durchblick. Damit wir uns nicht falsch verstehen, ich will nicht klagen: Mehr ist zur Zeit beim Eisenbahnfahren einfach nicht drin. Seit die Bahn für Fahrten innerhalb Schleswig-Holsteins die Plätze verramscht, ist in Kauf zu nehmen, dass die Menschenrechte partiell außer Kraft gesetzt werden. Denn gerade in der heutigen Zeit, in der Cyberspace und Datenhighways menschliche Kontakte verbetonieren, ist es von unschätzbarem Wert, wenn wir dank der Tarifpolitik der Bahn AG wenigstens gelegentlich menschliche Wärme verspüren, zum Beispiel mit der Nase in der Achselhöhle fremder Menschen.

Auch die fünfzigminütige Verspätung bei der Abfahrt ist deshalb nicht zu kritisieren. Und der Heizungsausfall sowieso nicht. Eher umtreibt mich die Sorge, sie könnte plötzlich wieder anspringen und diese kosmopolitische Menschenverpressung zum Siedepunkt hochkochen.

Einen Schaffner haben wir seit der Abfahrt nicht zu Gesicht bekommen. Mein linker Arm ist eingeschlafen. Er wird wohl bald absterben. Aber das macht ja nix, wozu hat der Mensch zwei davon?

Endlich rauscht der Zug durch Itzehoe – Itzehoe, eine Stadt wie aus der Asservatenkammer der Treuhand. Itzehoe vermittelt den Eindruck, dass dort ständig das Kriegsende nachinszeniert wird. Das muss ich mir nicht antun . . . Augen zu, Vorhang zu und durch ... da möchte ich ja nicht mal tot überm Zaun hängen ...

Kurz hinter dieser Elendsmetropole werden endlich Lücken gerissen im Fahrgastaufkommen. Und das kommt so: Aufgrund der extremen Überlastung schafft die Lok die Rampe zur Hochdonn-Brücke nicht. Einige Fahrgäste müssen aussteigen und schieben helfen. Ich nutze die Gelegenheit, mich auf die andere Seite zu legen und den Soldaten aus Buxtehude zu bitten, die Füße aus meinem Gesicht zu nehmen. Nach der Strenge des Geruches müssen seine Socken mit ihm gemeinsam die gesamte Grundausbildung und zirka zwei Nachtmanöver durchgemacht haben.

Als der Brücken-Scheitelpunkt endlich erreicht ist, steigen fast alle Schubkräfte wieder ein, nur zwei Mitglieder der Weight-Watcher-Gruppe Bramsbüttel-Ost sind abgängig. Sie stehen auf dem Gleis und drohen dem davon eilenden Zug hinterher – wie zwei kleine Luciano Pavarottis scheinen sie die Nachtigallen vom Himmel herunterknödeln zu wollen. Hilfsbereit werfen wir ihr Gepäck aus dem Fenster. Gottlob bleibt es unbeschädigt, weil es direkt in den Kanal klatscht.

Der Zug nimmt nun richtig Fahrt auf und erreicht mit 70 km/h seine Höchstgeschwindigkeit. Nachdem sich im Abteil die Lufttemperatur langsam der Körpertemperatur angeglichen hat, springt zu unser aller Freude endlich auch die Heizung an, und wir fühlen uns wie im Emaille-Brennofen der Berliner Ordensbäckerei.

Das gibt der Färöer-Austauschschülerin endlich die Gelegenheit, einige Trockenfische aufzutauen und sie als Gastgeschenk im Abteil herumzureichen. Dazu erzählt sie mystische Geschichten aus ihrer ulkigen Heimat. Der kehlige Klang ihrer trolligen Sprache erinnerte mich stark an das rhythmische Geklapper bei der Autoentladung in Westerland.

Endlich erreichen wir Heide – Heide, die Hauptstadt von Dithmarschen. In Heide haben sie im Mittelalter die Monotonie erfunden. Noch heute ist Heide die langweiligste Stadt Deutschlands. Neulich ist sogar das städtische Bordell Pleite gegangen – ein betriebswirtschaftlicher, kultureller und sozialer Super-GAU. Heide ohne Puff, das ist wie Düsseldorf ohne Altbier – irgendwie sinnentleert.

Kurz darauf, wir räkeln uns schon nun fast vier Stunden im Schoße der Bahn, da holen mit einem Schlage alle ihre Survival-Fresspakete hervor, um einer drohenden Unterzuckerung vorzubeugen. Während der Kegelverein Castrop-Rauxel das Abteil mit westfälischem Schinkenbrot vollkrümelt, hört man mit einem deutlichen »Plopp« wie die Pinneberger Mutter ihrem Wonneproppen die Fencheltee-Flasche entreißt und dem daraus sich entwickelnden empörten Schreien ihre Brust als stillenden Schalldämpfer entgegen streckt. Die diesem Akt innewohnende Anmut veranlasst den Kegelverein spontan, nicht nur dem Kind, sondern auch gleich der jungen Mutter eine Patenschaft anzutragen. Ein leicht zu durchschauender Schachzug.

Da ich aufgrund meiner misslichen Lage nicht an die Tasche mit den Käsebroten herankomme, begnüge ich mich mit einigen herab fallenden Schinkenbrotkrümeln, nage ein wenig an den Trockenfischgräten und sauge heimlich am Fencheltee-Fläschchen, dessen Verwahrung mir anvertraut worden ist. Als Nachtisch verlecke ich die Gummierung einiger Briefmarken, die ich zufällig in der Hemdtasche finde.

Wir laufen ein in den Husumer Hauptbahnhof – Husum, die gräuliche Stadt am Meer, bekannt geworden durch die alle zwei Jahre stattfindenden Europameisterschaften im Fischkistenstapeln, ein Ereignis, das vom Deutschen Sportfernsehen tagelang live übertragen wird.

Schlagartig ändert sich die Stimmung im Zug, als die angerückte Freiwillige Feuerwehr Husum 2000 Liter Blasentee in den überfüllten Regionalexpress pumpt, versetzt mit Betablocker und Tranquilizer. Fröhliche Gelassenheit macht sich nach dem Genuss dieses Gemischs breit.

Derweil rollt der Zug auf den Hindenburgdamm zu, die letzten Bierdosen werden aufgerissen. Die Fischkönigin von den Faröern storniert ihren geplanten Ausstieg in Niebüll, als sie erfährt, dass dieses Einödstädtchen zwar nur halb so groß, aber dafür doppelt so tot ist wie der Zentralfriedhof von Oslo. Nein, schnalzt sie urlautmäßig in ihrem Gepäcknetz-Biwak und umgrätelt zwei Grenadiere, mit denen gemeinsam sie nun erst mal den Wehrdienst zu

Ende bringen wolle, um anschließend ein Trockenfisch-Museum mit Namen »Aquatania« in Westerland zu eröffnen.

Bereits auf der Insel, kurz hinter Morsum, bricht Hektik unter den Reisenden aus. In Windeseile werden Adressen, Wohnungsschlüssel und Kochrezepte ausgetauscht, Lotto-Tippgemeinschaften gebildet, Verlobungen bekannt gegeben und der Umzugstermin der Pinneberger Mutter samt Einweihungsparty in Castrop-Rauxel festgesetzt. Mit tausend Küssen, mit verschwitzten Umarmungen, mit Backentaschen voller Trockenfisch, die Augen tränennass und das Haar glänzend von Kinderpipi, so heißt es Abschied nehmen am Westerländer Bahnhof.

Ein Beispiel, das die Kritiker der Bundesbahn beschämen müsste. Denn den pfiffigen Vorständen des Unternehmens Zukunft ist es durch eine weise, weitsichtige Tarifpolitik gelungen, die Menschen wieder zueinander zu führen, buchstäblich zusammen zu bringen bis hin zum Austausch von Körpersäften. Vergleichbare menschliche Nähe und Wärme finden wir in unseren entemotionalisierten, westlichen Demokratien doch höchstens noch im Knast und am Strand von El Arenal ...

Das umstrittene Loch

Immer wieder gibt es Augenblicke, in denen wir Geistesmenschen unseren Elfenbeinturm verlassen müssen, um in die Trivialität abzutauchen. Wir legen unseren geliebten Platon zur Seite, unterbrechen unsere Hegel-Studien oder verschieben die anstehende Übersetzung von James Joyce' »Ulysses« ins Friesische, weil das irdische Leben wie auf Rollschuhen durch unseren schwebenden Geist donnert...

»Schaaatz, kannst du mir mal diesen Haken in die Wand bohren?« Ich höre wohl nicht richtig: »Kannst du mal...?« Zweifelt das Weib etwa an meiner handwerklichen Potenz? Prinzipiell gilt: Ein Mann kann – wenn er eine Bohrmaschine hat – immer und überall alle Haken der Welt an allen Wänden dieses Planeten befestigen. Und zwar todsicher, bombenfest und dauerhaft.

Denn daran hat auch das Umwidmen fast aller Frauen zu Gleichstellungsbeauftragtinnen nichts geändert: Wenn es um Aufgaben im Haus geht, die das Zubereiten einer Fünf-Minuten-Terrine überschreiten, dann muss der Mann ran!

Drei Minuten später stehe ich mit meinem wohlgeordneten Werkzeugkasten in der Küche. »So, du möchtest also diesen Haken hier befestigt haben, um die schicken, neuen Topflappen aufzuhängen. Kein Problem. Das werden wir mit chirurgischer Präzision erledigen.« Und mit in vielen Jahren antrainierten Handgriffen, so wie Sylvester Stallone sich wie im Schlaf seine Maschinenpistole zusammenklackt, habe ich eins-zwei-drei meine kleine High-Tech-Drehbohr- und Hammerfräse einsatzbereit. Ich lege die Stirn in Falten, halte auf den Punkt und drücke den Abzug, um den Atomstrom aus der Steckdose zu saugen. Nichts Erwähnenswertes passiert – nur ein leises, malendes Geräusch, Zeichen ewiger Unveränderlichkeit sirrt durch die Küche.

»Vielleicht solltest du mal von Linkslauf auf Rechtslauf umstellen«, flötet meine Holde. Mir schießt das Blut in die Ohren und der Schweiß auf die Stirn. Peinlich, dass immer mir so etwas passieren muss. Ich drücke den Schieber von L auf R und starte erneut. Whoooomm!! Durch die Tapete bin ich in nullkommanix. Auch der Putz leistet kaum Widerstand. Dann aber muss ich auf einen Kieselstein geraten sein. Der Bohrer tobt minutenlang wie Bauer Runkels Güllepumpe unter Volllast. »Ich versteh' das nicht«, grüble ich und schaue mir den glühenden Bohrkopf an, »mit dem hat schon mein Vater gebohrt. Und Opa auch. Warum klappt das denn jetzt nicht?«

Meine Bohrassistentin, die das alles aus sicherer Entfernung und mit einem doch eher skeptischen Gesichtsausdruck beobachtet hat, ruft mir zu: »Vielleicht solltest du es mal mit einer etwas stärkeren Maschine versuchen.« Eine Stunde später. Mein Freund Olli von schräg gegenüber hat mir seinen Bohrhammer der Marke Titan-Rififi ausgeliehen. Das Ding wiegt soviel wie ein VW-Austauschmotor und sieht aus wie eine Fliegerabwehrkanone. Vom Baumarkt haben wir uns einen extralangen Premium-Präzisions-Pentium-Diamantbohraufsatz besorgt. Alle Mitbewohner des Hauses sind evakuiert worden. Das Rote Kreuz hat Notquartiere in der Turnhalle errichtet und freut sich, endlich mal wieder die torfbeheizte Gulaschkanone in Betrieb nehmen zu können.

Mit Helm, Ohrschützer und Staubmaske martialisch gerüstet, nehme ich mein Ziel ins Fadenkreuz. Das Gerät brüllt auf und bei der ersten zarten Wandberührung senkt sich ein Erdbeben der Fudschijama-Klasse über uns: Das ganze Haus rüttelt und schüttelt sich, die Eternitplatten an der Nordseite klappern wie Kastagnetten und ich falle – der Bohrer rauscht durch die Wand wie ein heißes Messer durch die Butter – nach vorne, bis ich mit der Stirn aufschlage. Dadurch wird der Putz großflächig verbröselt und stürzt staubwallend nach unten.

Ich stehe da, stolz wie der Obersteiger beim Tunneldurchbruch unterm Ärmelkanal. Das Loch ist gebohrt – nur etwas größer als geplant, wie uns der nun freie und weite Blick auf den Schreibtisch meines kleinen, hinter der Wand gelegenen Büros zeigt.

Gerade will ich beginnen, mit wortreichen Erklärungen dieses Bohrdesaster zu entschuldigen, da mutiert mein staubgepudertes Weib zur Innenarchitektin:

»Waaahnsinn! Einfach grandios! Da eröffnen sich ja Horizonte! Pass mal auf, mein Schatz: Du machst das Loch noch etwas größer, so dass wir eine schöne Tür einbauen können – am besten eine Schiebetür mit Jugendstil-Tiffany-Arbeiten. Dann machen wir aus deinem Büro ein Esszimmer. Davon träum' ich schon seit dreißig Jahren. Im Wohnstudio in Tinnum haben die gerade todschicke Colani-Möbel reinbekommen. Die passen optimal.«

Mir stockt der Atem. Was nur ein Dübelloch in der Wand werden sollte, ist für die planerische Wucht meines Weibes zu einem wahrhaftigen Durchbruch geraten. Mein kleines Büro, mein Schneckenhaus, einziger Ort der Welt, wo ich mit meinen Träumen allein sein kann, meine kleine Textschmiede, in der ich all die kleinen Wortungeheuer zusammenschraube, die mir die Unsterblichkeit und meinem Lektor die Demenz bescheren werden, diese Stätte schöngeistiger Ekstase soll zu einer profanen Kau-Ecke heruntergezerrt werden?

»Aus meinen Büro willst du einen Designer-Fresstempel machen? Hier, wo ich meinen Geist frei fliegen lasse, willst du zukünftig diesen ganzen Colani-Sperrmüll stapeln? Nix da, das schminke dir ab! Und überhaupt, wo sollte ich dann meiner Kreativität frönen – ohne Büro? Irgendwo muss ich doch meine Wortwucht digitalisieren.«´

»Ach, Schatz«, kontert meine Teilzeit-Managerin, »du hast doch jetzt deinen neuen Laptop, dieses teure Powerbook. Damit bist du doch völlig unabhängig von Netz und Schreibtisch. Und wenn es im Frühling wieder schön warm wird, setzt du dich irgendwo in die freie Natur und schreibst und schreibst und schreibst. Auf der Promenade oder im Stadtpark vorm Rathaus – bei all den anderen Freigeistern. So, und nun räume endlich den Bohrschutt weg, ich muss jetzt unser neues Esszimmer ausmessen!«

Urlaubsplanungen mit Happy-End

Jahrhunderte lang gab es für den kernigen Sylter Mann im Grunde nur einen Beruf: Als Kapitän dirigerte er Ozeanriesen über die Weltmeere und lernte auf diese Weise den Globus kennen. Schon genetisch schlummert in uns Sylter Kerlen deshalb ein unstillbares Fernweh, das in regelmäßigen Abständen ausbricht, sich einen Weg bahnt, uns in blitzgefährliche Abenteuer zu stürzen. Die Folge: In unseren Wohnzimmern hängen nicht die betenden Hände Dürers, sondern Schrumpfköpfe aus Neu-Guinea. Frauen erregen uns nicht mit Tanga oder Mini, sondern eher in Bast- oder Bananenröcken, und die von uns bevorzugten Urlaubsaktivitäten sind Einbaumpaddeln auf dem Amazonas und Schlittenfahren in der Antarktis. Haben Sie schon mal einen Sylter beobachtet, der am Westerländer Bahnhof einem davon eilenden Zug nachschaut? Die feuchten Augen rühren nicht von einer Bindehautentzündung her, nein, das ist Sehnsucht nach unbekannten Gestaden auf diesem, unserem Planeten...

»Schatzi, es ist bald Oktober, was machen wir im Urlaub?« Spätestens, wenn im September die Tage kürzer werden, die Bäume windzerzaust andeuten, dass sie die Blätter nicht mehr lange halten können, und die ersten Vogelschwärme an Sylt vorbei Richtung Süden ziehen, erwacht auf der Insel das Fernweh. Aber anscheinend nur unter den männlichen Bewohnern. Meine Frau beispielsweise kennt derartige Gefühle nicht: »Wir sollten dieses Jahr hier bleiben. Es gibt im Garten viel zu tun. Und wir brauchen nach der langen Saison wieder etwas Zeit für uns selbst – zum Lesen und Spazierengehen.«

»Au ja«, heuchelte ich, »das ist eine gute Idee. Und einen Tag fahren wir dann nach Hamburg, Deinen Bruder besuchen.«

»Klar, das haben wir uns ja schon lange vorgenommen. Aber dann können wir natürlich auch gleich einen Abstecher nach Frankfurt machen, um Volker und Anne zu besuchen. Wenn wir das miteinander verbinden, kommt sogar eine richtige, kleine Urlaubsreise zustande.«

»Aber wenn Uwe in München erfährt, dass wir in Frankfurt waren und nicht bei ihm vorbeigekommen sind, ist er bestimmt sauer.«

»Keine Sorge. Uwe ist dann verreist. Der fährt für eine Woche nach Ibiza.«

»Ich habe gestern im Reisebüro gelesen, eine Woche Mallorca gibt's schon für 250 Euro.«

»Das wäre eine Überlegung wert. Denn was sollen wir sagen, wenn jemand fragt, wo wir unseren Herbsturlaub verbracht haben? Da können wir doch nicht antworten, wir hätten nur unsere bucklige Verwandtschaft besucht. Da steht man doch wie blöde da.« Bei so viel partnerschaftlicher Übereinstimmung war am nächsten Tag ein Reisebürobesuch angesagt.

Also, Mallorca für 250 Euro die Woche gibt es. Hotel mit Blick auf die Müllcontainer. Disko und Ausfallstraße gleich nebenan. »Lebhafte Umgebung« heißt das im Prospekt. Und dann ging's los: Nehm' sie doch 'ne bessere Kategorie, macht 340 Euro. Mit Halbpension? Kein Problem – macht 420 Euro. Kleiner Aufpreis für den Flug ab Hamburg – macht 450 Euro. Abflug am 4. Oktober statt 30. November – macht 590 Euro, mit Seeblick macht 630 Euro. Zweimal Hotel in Hamburg, da Abflug und Ankunft sonst nicht erreichbar sind: plus 150 Euro. Und das alles mal zwei macht 1.560 Euro. Und was sonst noch so alles dazukommt. »Das ist ja ein Ding«, staunte ich, »und da draußen am Fenster steht 250 Euro.«

Zu Hause blätterten wir lustlos in den Prospekten. »Mallorca ist eh' doof, da fahren ja alle hin.« »Wenn wir ein paar Hunderter draufpacken, können wir gleich auf die Kanaren«, erwiderte meine Frau. »Damit könnte man sich schon eher sehen lassen.« »Aber doch nicht für eine Woche«, wendete ich ein, »da müssen wir dann schon 14 Tage buchen.« Erneut stürzten wir uns auf den Katalog und rechneten zusammen: 900 Grundpreis, 400 die Verlängerungs-

92

woche sind 1.300, mal zwei sind 2.600 Euro. Plötzlich fordert meine Zuckerschnute auch noch vier neue Koffer. Begründung:»Mit den alten aus der Kaufhalle trau' ich mich nicht mehr an den Counter.« Na ja, und der ganze andere Schnickschnack, das werden dann doch gute viertausend.»Oh Gott, und woher nehmen und nicht stehlen?«

»Ganz einfach«, sagte ich,»dann schaffen wir uns fürs Erste keinen neuen Wagen an. Wenn wir mit dem alten immer langsam fahren, sparen wir außerdem die Bremserneuerung. Den Kindern kürzen wir das Taschengeld. Ich habe neulich erst gelesen, dass Kinder früh in die Eigenverantwortlichkeit geführt werden sollten.«

»Und du bringst«, ergänzte meine Frau mit einem süffisanten Lächeln»deine Pfandflaschen-Sammlung zum Kaufmann. Davon kannst du dir schon den ersten neuen Koffer kaufen.« Eine knallharte Provokation. Ich tat so, als hätte ich sie überhört.

Beim Prospektstudium – wir hatten schlappe drei Kilo von diesen bunten Dingern – war ich derweil in Südostasien angelangt.»Schau mal, Südostasien, Thailand, Bangkok, da könnten wir doch in Kultur machen.« Aber als ich»Thailand, Bangkok« vorschlug, musste ich prüfende, kritische Blicke über mich ergehen lassen.»Nein, nein, nicht was du denkst. Ich wollte schon immer mal auf einem Elefanten reiten.«

Kurz danach hatten wir uns zu einem besonders edlen Prospekt vorgearbeitet: Kreuzfahrten in der Karibik. Mit MS»American Way of Life«. Laut Anbieteraussage besonders günstig wegen des darnieder liegenden Eurokurses. Das verstand ich zwar nicht, addierte aber unverdrossen: 14 Tage Außenkabine mit Hin- und Rückflug nach Barbados machte 8.500, dann neue Klamotten, den Familienschmuck aus dem Pfandhaus auslösen, zehn Prozent Trinkgeld fürs Personal und allerlei Unfug, an den man vorher erfahrungsgemäß nicht denkt, dann wären wir bei gut und gerne 11.000 Euro.

»Das war ja wohl nichts«, meinte meine Angetraute,»für so was hast du nicht reich genug geheiratet.« – »Ach, Schatzi, das wäre sicher machbar«, buhlte ich,»wenn du die nächsten zwei Jahre Appartements putzen gehst, dann ...«

An dieser Stelle brach ich ab, weil ich in der Wurfrichtung eines Prospektstapels saß und mich schleunigst ducken musste. Ich versteh' das nicht. Früher war meine Frau guten Argumenten gegenüber erheblich aufgeschlossener. Am nächsten Morgen, auf dem Wäschetrockenplatz, traf ich meinen Nachbarn Peter. Während ich meine schicke Feinripp-Baumwollunterwäsche liebevoll aufbaumelte, lancierte ich das Gespräch geschickt Richtung Urlaubsplanung. Ich wollte meine Ideen mal antesten. »Ja«, sagte ich so mehr beiläufig und knubbelte eine Klammer an die Leine, »wir fahren dieses Jahr nach Südostasien. Thailand, Malaysia, Singapur, diese Ecke.«

Peter starrte mich an: »Südostasien? Würde ich nie hinfahren. Krankheiten, politische Unruhen, Überfalle, mit Stäbchen essen und warmen Reiswein trinken statt kaltem Bier! Nee, lass' mal stecken, das wär' nichts für mich!« Ich ging entschlossen in die Wohnung zurück und ordnete in forschem Ton an: »Nach Südostasien fahren wir nicht. Da ist gerade Monsun.«

»Auf die Kanaren fahren wir aber schon gar nicht«, ergänzte meine Frau, »da streikt gerade das Hotelpersonal.« Und als wir dann noch in der Zeitung lasen, dass der Kreuzfahrtdampfer »American way of life« zur Zeit als Truppentransporter amerikanische GIS in die arabische Wüste verschifft, war auch der Traum vom »Captains-Dinner« ausgeträumt.

Am Abend hörten wir in den Nachrichten, dass vor Mallorca das Wasser mit Kolibakterien verseucht sei. Versonnen lächelte ich vor mich hin und sagte: »Ich schlage vor, wir kümmern uns um unseren Garten, misten den Keller aus, ordnen die Urlaubsfotos der letzten fünf Jahre und wandern einmal komplett um den Lister Ellenbogen. Das haben wir uns doch schon ewig vorgenommen.«

Sie werden es nicht für möglich halten, aber meine Frau hat mit keinem Wort opponiert, sondern nur still genickt. Eine Sternstunde in unserer Ehe.

Bei den Kiwis

Wenn man Neuseeland, diesen herrlichen Flecken Erde auf der anderen Seite der Weltkugel, mit dem Campingmobil erobern will, sollte man einige wichtige Details beachten:
  1. Alle Autos fahren ständig auf der falschen Straßenseite. Mein Ratschlag: Tun Sie es auch, denn Ihr Englisch ist mit Sicherheit nicht gut genug, als dass sie den Einheimischen gegenüber Ihr Herumkarriolen auf der rechten Straßenseite begründen könnten.
  2. Kaufen Sie sich unbedingt Campingmöbel, denn in Neuseeland treffen Sie nur dort Sitzgelegenheiten auf Campingplätzen an, wo es ständig regnet.
  3. Lernen Sie es rechtzeitig, eine sechs Wochen alte deutschsprachige Zeitung als aktuell zu begreifen. Dadurch machen Sie es sich und Ihren Familienangehörigen leichter.
  4. Wenn Sie sich für über 400 Euro einen Weltempfänger angeschafft haben, damit Sie auch bei den Kiwis jederzeit erfahren können, warum welcher Bonner Minister gefeuert wurde, dann lassen Sie sich das Gerät genau erklären. Und packen Sie die Gebrauchsanweisung ein! Falls Sie sie zu Hause vergessen, akzeptieren Sie bitte, dass Sie entweder nach sechs Wochen japanisch verstehen oder die Rugby-Ergebnisse des Neuseeländischen Nationalteams als die Top-News des Südpazifiks begreifen.

 Dialog auf einem Campingground irgendwo in Neuseeland. Zeitpunkt: Nach sieben Wochen Aufenthalt, morgens beim Frühstück.

Darstellende Personen: Er und sie im Campingmobil sitzend, Toastbrote mit der Konsistenz von Wattepads in sich hineinschiebend und mit neidverschleierten Blicken die Campingnachbarn betrachtend:

Er (mutig das Gespräch beginnend und schnell auf den Kern der Sache kommend):»Schau mal da drüben der Neville, sitzt da mit der druckfrischen Morgenzeitung vor seinem Zelt in der Sonne. Der hat's gut (seufzt zutiefst).«

Sie (mit gespieltem Unverständnis):»Ich weiß gar nicht, was du willst. Kauf dir doch auch 'ne Zeitung.«

Er (sich in seiner eigenen Sinnkrise suhlend):»Ach papperlapapp, was soll ich denn damit? Ich will wissen, was zu Hause in meinem mir vertrauten Kulturkreis passiert und nicht, ob hier einem Mister Miller oder Mister Brown der Rasenmäher explodiert ist.«

Sie (es mal wieder genüsslich auf die Spitze treibend):»Ach, es interessiert dich wohl mehr, ob einem Herrn Schröder oder Herrn Stoiber der Rasenmäher explodiert ist!?!«

Er (sich langsam wieder unter Kontrolle bekommend und ihre Polemik ignorierend):»Abgesehen davon reichen meine Englischkenntnisse gerade, in den Kiwi-Zeitungen hier die Cricket- und Rugbyberichte rein optisch von der Weltpolitik zu unterscheiden.«

Sie (nun den Finger fies in die offene Wunde legend):»Ich versteh' das nicht. Du hast dir vor unserer Reise doch extra diesen teuren Weltempfänger angeschafft, um Nachrichten von zu Hause empfangen zu können. Dann tu's doch auch!«

Er (getroffen aufstöhnend):»Erinnere mich bitte nicht daran, dass ich in all dem Stress, den du vor unserer Abreise veranstaltet hast, die Bedienungsanleitung vergessen habe. Und die Frequenzen der Deutschen Welle kenne ich nun mal nicht auswendig.«

Sie (statt Trost zu spenden, nun noch einen draufsetzend):»Naja, da haben wir das Geld für den Dudelkasten wohl umsonst ausgegeben.«

Er (mit dem Versuch, die eigene Ehre und die des Weltempfängers zu retten):»So darfst du das nicht sehen, denn neulich, als ich morgens um sechs die Tour zum Lachsangeln gebucht hatte, habe ich das Gerät fabelhaft als Wecker einsetzen können.«

Sie (triumphierend den verbalen Todesstoß ansetzend):»Ach ja, dein Lachsangel-Abenteuer! Erinnere mich bloß nicht dran! Hast vorher noch rumgerollt, dass die Pfanne im Camper viel zu klein ist für die Mörderexemplare, die du anschleppen wolltest. Und dann, was war dann? Nichts, tote Hose, Flasche leer, Fehlschlag auf ganzer Linie. Und dafür hast du stolze 150 Dollar rübergeschoben! Mann-mann-mann!«

Er *(einen letzten Versuch zur Wende startend)* : »Moment mal, die Wahrheit sieht aber anders aus. Ich hatte durchaus etwas gefangen. Nur ist es mir nicht gelungen, meinen archaischen Killerinstinkt wachzurütteln und die unschuldige Kreatur platt zu machen. Als barmherziger Christ habe ich ihm dann die Freiheit zurück geschenkt, was ist daran zu kritisieren?«

Sie *(nun auch noch ironisch)*: »Was ich daran kritisiere? Dass du nicht mal in der Lage warst, auf der Rückfahrt einen anständigen Fisch zu kaufen und mir als selbst geangelt unterzujubeln. Das hätt' ich zwar auch geschnallt, aber ich hätte mir taktvollerweise nichts anmerken lassen. Habe ich doch noch nie gemacht ...«

Seemanns Braut ist die See

Das animalische Streben nach unkontrollierter Nahrungsaufnahme und der Vermehrungs- respective Sexualtrieb, dessen Bedeutung mit zunehmendem Alter von der PS-Zahl des eigenen Autos überflügelt wird, diese menschlichen Grundeigenschaften sind natürlich auch beim Sylter Manne vorzufinden. Darüber hinaus – und das hebt den Homo Syltus Erectus von einem bundesdeutschen Durschnittswaschlappen ab – treibt ihn eine weitere archaische Kraft: Das Fernweh, das ihn zyklisch befällt, ihm den Verstand raubt, als genetische Absonderlichkeit in seiner DNS verwunden ist und sich schon seit Jahrhunderten durch alle Generationen bis in die heutige Zeit hindurchgemendelt hat. Es zerreißt mir die Seele, allabendlich gestandene Sylter Männer auf der Kampener Uwe-Düne zu beobachten, wie sie mit wehmutschwangerem Blick den Horizont absuchen, ob da nicht doch und endlich ein schnittiger Tee-Clipper oder ein wuchtiger Walfänger auftaucht, sie an Bord nimmt und dann mit ihnen über die sieben Weltmeere segelt...

Immer wenn ich durch die Braderuper Heide laufe, dann schwebt mein Geist frei, dann dreh' ich gern mal ein wenig durch, spreche aus, wovon ich sonst nur verwegen träume, ja, ich hänge mich in den Sonnenwind meiner Kindheitsträume.

Der Himmel ist knallblau, die ersten Segelboote haben sich aus dem Munkmarscher Hafen herausgewagt und kreuzen im sanft bewegten Wasser des nördlichen Wattenmeeres. »Wir sollten uns irgendwann auch ein Segelboot anschaffen«, raune ich meiner mich durch die Heide und das Leben begleitenden Frau zu und sehe mich im Geiste bereits am Ruder einer 12-Meter-Jacht stehen, halb Seewolf und der Rest John Maynard auf dem Weg gen Buffalo.

»Was denn, du und ein Segelboot?« lacht sie derart hämisch, dass erschrocken ein Schwarm Rebhühner aufliegt. »Dir wird doch schon schlecht, wenn im Fernsehen eine ›Traumschiff‹-Folge läuft. Und im letzten Urlaub hast du dir vor der Überfahrt mit einer gewöhnlichen Fähre soviel Anti-Seekrankheitstabletten reingeschmissen, dass zwei Tage lang nichts Gescheites mit dir anzufangen war. Nein, nein,« fährt sie nun schon etwas sanftmütiger fort und zieht mir fürsorglich den Schal etwas enger um den Hals, »das mit dem Segeln lass mal stecken, ich sehe dich ja schon bei jeder Wende mit dem Schädel gegen den Großbaum knallen. Und das, mein Kleiner, muss ich nun wirklich nicht haben.«

Ach was, alles Weibergeschwätz! Ein Mann muss tun, was ein

Mann tun muss, auch wenn es dabei ein paar Scherben oder Beulen gibt.

Der Skipper da unten gleitet elegant durch die weiße Gischt mit windgeblähten Segeln, die mich immer an die vollendeten Rundungen eines verführerischen Weibes erinnern. Er steht mit sonnengegerbtem Gesicht ruhig am Ruder, Männlichkeit, Kraft und Erfolg ausstrahlend. Ein sanfter Schauer der Wonne rast mir über den Rücken. Ob »Die Meuterei auf der Bounty«, das Leben des Horatio Hornblower oder mein absoluter Favorit Jack London, ich habe noch alles voll drauf und ich muss mich, das ist doch klar, irgendwann ja auch mal selbst verwirklichen . . . gerade jetzt, da die Midlife-crisis schon eine Weile an meiner Tür rüttelt.

Einem echten Kerl, das wird mir immer klarer, kann es nicht genügen, Bäume zu pflanzen, Häuser hochzuziehen und Söhne zeugen: Er muss, verfluchter Pfeffer, auch mal einen Kutter durch stürmische See bugsieren! Und dann ist sein Platz an der Pinne und nicht im Kabelgatt!

»Ja, schon, aber überleg' doch mal. Wenn wir auch so ein Boot hätten, dann könnten wir mal zum Kaffeetrinken nach List hoch segeln oder zum Aalessen nach Römö... na, was sagst du dazu?«

»...oder der Rettungskreuzer muss uns von der Sandbank frei schleppen, weil du den Zettel mit der Beschreibung, wo Backbord und wo Steuerbord ist, zu Hause hast liegen lassen – allerdings auf das Feuerwerk mit der Signalmunition freue ich mich jetzt schon.« Ich konstatiere mit Sorge, dass ich bei meiner Frau noch erhebliche Überzeugungsarbeit leisten muss. »Bist du dir eigentlich darüber im Klaren, dass unser Boot... äh, ich meine, falls wir uns eines anschaffen würden ... äh, deinen Namen tragen würde? Dein Name, der schon im Schrein meiner ewigen Liebe verzurrt ist, würde am Bugsprit unserer Jacht prangen und einem Albatros gleich, über Meere und Ozeane getragen werden. Und in jedem Hafen, den wir anlaufen, stehen die Schulkinder und Ehrenjungfrauen, wedeln mit Papierfähnchen, werfen mit Blumen und die örtliche Feuerwehrkapelle spielt ›Freude schöner Götterfunken‹«.

Ich gebe ja zu, dass ich an der Stelle etwas dick aufgetragen habe. Aber mitunter muss geklotzt und nicht gekleckert werden.

Die Strategie trägt offensichtlich Früchte. Am hellen Leuchten der Augen meines braven Weibes erkenne ich, dass ihr Widerstand bröckelt. Mein bunter Strauß erstklassiger Argumente zeigt Wirkung. Sie schaut mich an, so aus den Augenwinkeln und meint: »Na gut, wenn dein Ego das braucht, dann sollten wir das doch mal ausdiskutieren...«

Kurz darauf sitzen wir in der Kupferkanne, graben uns durch Berge von Zwetschgenkuchen und schmieden Pläne. Um den Mindestbedürfnissen der Segelschifferei gerecht zu werden, benötigen wir – unter dem läuft nichts – eine 30-Meter-Jacht mit so um die 20 Kabinen-Schlafplätzen, einer 300-PS-Maschine für die Flautenschieberei, einer Motorbarkasse für das Erkunden fremder Lagunen und einem Hubschrauberlandeplatz, damit die beim Tauchen erbeuteten Schätze direkt zur Bundesbank geflogen werden können.

Um unser Prachtstück aber unabhängig von der Tide nutzen zu können, wird es dann erforderlich sein, die Munkmarscher Hafeneinfahrt auf zehn Meter Tiefe auszubaggern. Und während ich noch überlege, ob für eine meinen Anforderungen genügende Navigation noch ein oder zwei Satelliten in den Orbit geschossen werden müssten, taucht eine mit Anmut und seidigem Augenaufschlag vorgetragene Frage auf: »Sag' mal, wenn wir dann, mit unserem Schiff in naja, sagen wir mal: in bewegter See uns befinden, was ist dann eigentlich der Unterschied zwischen Schaukeln, Stampfen und Rollen?«

Na klasse, das ist genau die Qualität Fragen, an denen ich mein ganzes seemännisches Wissen und Können präsentieren kann: Ich reiße den Teller mit dem sahnegekrönten Zwetschgenkuchen hoch und erläutere: »Also, dies ist nun unser Schiff ... und jetzt denke dir mal eine Längs- und eine Querachse und wenn das Schiff dann ... äh ... um die Querachse schaukelt, das ist Stampfen. Ja und wenn, ich denke, äh ... ich glaube, wenn es um die Längsachse dimpelt, dann ssstampft oder rollt oder schaukelt es ... so wie jetzt der Zwetschgenkuch ... äh ... mir wird ganz schlecht... oh, wie ist mir elend ...sag' mal, hast du zufällig diese ... äh ... diese Tabletten dabei ...?«

Die Spontan-Fete

Nicht ohne Grund haben die Väter des Grundgesetzes der Unverletzlichkeit der Wohnung einen hohen Rang zugemessen. Schließlich ist es von unschätzbarem Wert, sicher sein zu können, dass, wenn es frühmorgens klingelt, kein Sonderräumkommando anrückt, sondern wahrscheinlich bloß der Milchmann. Am Abend allerdings, wenn man in seinen vier Wänden, von jeglichen Konventionen befreit, outfitmäßig mal so richtig die Sau rauslässt, und wenn es dann klingelt und »gute Freunde« überraschend zu Besuch kommen – dann ist die Zeit der stillen Wut gekommen, die Zeit des lautlosen, innerlichen Fluchens ...

Endlich Feierabend! Ich will abschlaffen, es mir mal so richtig bequem machen, im geistigen Tiefflug durch die Anspruchslosigkeit der Fernsehprogramme rauschen. Ich entledige mich meines Oberhemdes, rolle meine Socken herab, schleppe einen Arm voll Flensburger in meine Fernsehhöhle und platziere eine Schüssel Kartoffelchips in Griffnähe.

Und während ich noch grüble, ob ich mir eine Call-in-Show auf »Neun live« oder einen Ballermann-Report auf »RTL 2« antue, klingelt es schrill an der Haustür. Ein fieses Geräusch.

Wer wagt es in diesem Moment, da ich hier und jetzt mein Elementarbedürfnis an Weltkultur befriedigen will, an der Unverletzlichkeit meiner Intimsphäre zu rütteln? Mein treues Weib, das gerade in die Hausaufgaben für ihren Ikebana-Volkshochschulkursus vertieft ist, schüttelt verärgert den Kopf. Nein, schwört sie, keinesfalls hätte sie gewagt, leichtfertig irgendwelche zweitklassige Bekannte einzuladen, die uns skrupellos die Ruhe, die Zeit und das Bier rauben.

Trotzdem schlurfe ich – man weiß ja nie – zur Tür, in der einen Hand die Fernbedienung, in der anderen ein Flens. Ach, hätte ich

»… also, Leute, ich find's schon toll, dass ihr alle hier seid …«

mich nur tot gestellt! Wie Attilas Horden, juchzend und polternd quellen Helmut und Rita sowie Volker und Anne herein, aufgedonnert und absolut trendy durchgestylt, in voller Abendgarderobe. Mit einem Strunk Blumen und einem Sechserpack Kellergeister als Mitbringsel wedelnd, bemächtigen sie sich meines stillen Glücks und beenden ebenso abrupt wie rücksichtslos unsere zarte Zweisamkeit.

Und während ich, eines klaren Gedankens kaum mehr fähig, mit meiner Fernbedienung diese Unsäglichkeit wegzubeamen versuche, fliegen mir Wortfetzen ins Ohr wie:»... und danke für die Einladung ... was gibt's denn so zu futtern bei euch ... habt ihr denn einen vernünftigen Rotwein im Haus ...?«

Mein oppositioneller Fingerzeig, mich einer Einladung für den heutigen Abend beim besten Willen nicht erinnern zu können, wird überhaupt nicht registriert. Im Gegenteil: Nachdem das Horror-Quartett Küche und Kühlschrank inspiziert hat, dabei aber, abgesehen vom schmutzigen Geschirr der vergangenen Wochen, nur gähnende Leere vorfand, hängt sich Helmut flink ans Telefon und ordert beim Jörg-Müller-Party-Service ein Gourmet-Buffett für sechs bis zwölf Personen, »...ja, und ein paar Flaschen trockene, französische Rotweine, selbstverständlich, nur die besten Lagen. Richtig, ja, klar, Lieferadresse ist gleich Rechnungsadresse.«

Da die Sache mir unverkennbar aus dem Ruder läuft, versuche ich massiv zu intervenieren:»Also, Leute, hört doch mal, ich find das schon toll, dass ihr da seid, aber ich kann mich beim besten Willen nicht erinnern, euch...«

Doch statt meinen Quengeltext zu erhören, werden wir, zwar charmant aber doch bestimmt, in die hinteren Gefilde der Wohnung abgedrängt mit der klaren Vorgabe, uns dem Anlass entsprechend umzukleiden.

Und als wir dann, eine knappe Stunde später, frisch geduscht und mit Armani-, Joop- und Jil-Sander-Fummeln behangen, wieder auftauchen, hat die Feierlichkeit schon ganz andere Dimension angenommen. Es steppt der Papst in Ketten. Das Streichquartett der Musikschule fiedelt Vivaldi, die Sylter Bauchtanzgruppe rüttelt den Stubentisch in die Tiefe meines Schurwollteppichs und überall, wo man hintritt, zerkrachen ausgelutschte Hummerschalen. Durch die weit geöffnete Wohnungstür strömen immer mehr fröhliche, augenscheinlich hungrige, durstige, mir aber total fremde Partygäste in unsere Mietwohnung.

Ich nehme mein Frauchen an die Hand, und so schlängeln wir uns gemeinsam durch die Tanzwütigen hindurch zum Edelfisch-Buffett. Gerade noch rechtzeitig, denn es sieht schon arg zerrupft aus. Und während das Leben um uns herum tobt – auf unseren Wellensittich wird soeben ein Schützenfest mit Champagnerkorken eröffnet – höre ich, wie nun Volker am Telefon hängt, um Rod Steward zu einem Sondergastspiel, einer sogenannten »Gala«, zu überreden.«...Ja, ja es muss aber noch heute Abend sein, weil ... wir sind gerade so wahnsinnig gut drauf ... nein, Geld spielt keine Rolle ... ja, genau, wir holen dich mit'm Privatjet ab ... wir haben da einen Sponsor ...« – und dabei schaut er mich in einer Weise an, dass mir der Boden unter den Füßen wankt.

Das Fest nimmt unterdessen, das muss ich zugeben, einen durchaus positiven Verlauf. Der Party-Service liefert laufend nach, der Westerländer Musikverein gibt im Treppenhaus ein spontanes Platzkonzert, die Nachbarn aus dem Haus und aus der Straße sind mit von der Partie, der Polizeihubschrauber kreist schützend über unserem Haus und Kamerateams von N24 und CNN steigen über meine Möbel. Erste Live-Interviews werden in die Atmosphäre gepustet.

Endlich, morgens um sieben, die Städtereinigung hat uns voller Fürsorge schon einen Sonder-Glascontainer vor die Tür gestellt, begegne ich unterm Tisch meinem Freund Volker. Sein Zustand entspricht unserer Position, nichtsdestotrotz grinst er mich fröhlich an, als ich ihn frage:»Sa' mal, hicks, äh, was war denn das eigentlich für eine Fete, die ihr hier bei uns abgezogen habt? Geburtstag hab' ich doch erst in sechs Monaten ...«»Nein, äh, also, hicks, da gibt's keinen direkten Anlass. Das musst du nicht so eng seh'n. Wir hatten nur mal Bock auf Fete und so. Aber bei mir zu Hause, ährlich, äh, diese Rotweinflecken auf'm Teppich, und die leergeschlürften Austernschalen, äh, im Aquarium ... nee, also, mein Ding is' das nich... aber du, Kumpel, du siehssas ja locker ... oder nich? Du biss doch Komiker ... oder nich?«

Tja, was hätte ich dazu noch sagen sollen? Diese Argumentation war einfach schlüssig. Im Nachhinein frage ich mich nur: Wo ist dieser Rod Stewart eigentlich abgeblieben? Abtelefoniert hat er jedenfalls nicht. Ich glaube, von dem kaufe ich mir keine CD mehr ...

Charming Grußdepp

Dass man sich mal verspricht, so im Eifer des Gefechtes, das kann wirklich jedem passieren. Wenn der Fußballprofi Bruno Labbadia etwa von »hochsterilisieren« faselt, wenn er das Wörtchen »hochstilisieren« anwenden möchte, dann ist das kein Beinbruch, ebenso wenig, wenn ein Sylter Kommunalpolitiker prunkvoll formuliert, dass der Schuldenabbau eine »Syphilisarbeit« sei – und damit selbstverständlich eine »Sisyphusarbeit« meint. Grundsätzlich ist dazu zu sagen, dass wir Bruno Labbadia nicht an seinen Worten messen sollten, sondern an seinen Torerfolgen, und den Sylter Kommunalpolitiker an, ähh ... na ja, lassen wir das jetzt mal beiseite. Es ist nicht der Rede wert – ganz im Gegensatz zur fortschreitenden Technisierung der Kommunikationsmittel. Die birgt immer neue Fehlerquellen. Derart komplex ist heutzutage das Leben geworden, dass uns infolge der Überbeanspruchung schon bei ganz alltäglichen Verrichtungen folgenschwere Schnitzer unterlaufen ...

Diese modernen Faxgeräte mit mehreren hundert Nummernspeichern bewirken bei mir eine nachhaltige Faszination. Alle wichtigen Schreiben, vom Antrag auf Steuerstundung über die monatliche Bestellung bei Beate Uhse bis hin zur aktuellen Korrespondenz mit dem Bewährungshelfer, werden einfach `reingeschoben, so ganz locker und mit links, einmal kurz auf den Knopf gedrückt und schon wird die Nachricht von A nach B gebeamt. Doch bei diesem Tun ist exorbitante Sorgfalt vonnöten, will man sich nicht verwählen.

Denn die Bestellung beim Flensburger Großversandhaus würde das Finanzamt genau so verwundern wie der Stundungsantrag für die Grunderwerbsteuer den Bewährungshelfer.

Neben dem Versprechen und Verwählen kennen wir noch die Gnade des Verrechnens. Dass sie stets das Datum mitaddieren, ist ein alter Makel, der den Kellnern seit Generationen anhängt. Doch bei den modernen elektronischen Kassen ist diese Gefahr nur noch marginal. Trotzdem habe ich mit dem Kellner in meinem Stammbistro jeden Abend Schwierigkeiten, weil er, kaum habe ich sechs bis acht große Biere intus, jedesmal die Übersicht verliert und Summen abfordert, die ich unmöglich vertrunken haben kann.

Eine neuere, schon kultiviertere Form des Vertuns ist das sogenannte »Vergrüßen«. Wohl jeder kennt es, hat es schon erlebt: Man geht die Friedrichstraße hoch, tausend visuelle Reize entzücken oder beleidigen die Netzhaut, das Gehirn kommt kaum nach, all die Pracht zu verarbeiten, und schon sind wir nicht mehr Herr unserer Handlungen, sondern werden vom Unterbewusstsein gesteuert. Da kommt mir doch so ein Sympath entgegen, Körperhaltung und Kleidung wie mein Kontoführer von der Bank, ein sekundenkurzer Blickkontakt, ich strecke mich, krampfe ein freundliches Lächeln hin und grüße brav: »Tach, Herr Soundso« und dann, Sekundenbruchteile später, schauen erstaunte Augen mich an und eine zögernde, mundartgefärbte Grußerwiderung erreicht mich. Im selben Moment wird mir klar: »Oh, Shit... das issa ja gaanich ... das iss'n ganz andrer – echt total vergrüßt!« Ich tapere weiter, zögere, schwankend zwischen zwei Peinlichkeiten, nämlich der, meinem Opfer diesen Fauxpas zu erläutern oder der, als »charming Grußdepp« in die Sylter Geschichte einzugehen.

Nun ja, Einzelvergrüßungen sind ja keine Schande. Sie liegen quasi im gesellschaftlichen Akzeptanzbereich. Der Grad der Peinlichkeit bleibt ebenso wie die Imageschädigung überschaubar. Verheerend jedoch sind Gruppen- und Familienvergrüßungen, bei denen Unschuldige in das Begrüßungs-Desaster hineingezogen werden. Das passiert schwerpunktmäßig dort, wo locker flaniert wird, in Situationen also, in denen man sich den Folgen einer hässlichen Vergrüßung nicht durch vorgetäuschte Terminnot entziehen kann.

So ein Unglück ereilte mich vor einiger Zeit auf der Promenade in Westerland, als ich, meine Familie im Schlepptau, gemütlich

Richtung Musikmuschel schlenderte. Da kam mir, so wähnte ich in meinem Wahn, dieser nette Autoverkäufer aus Tinnum mit seiner Familie im Schlepptau entgegen. Ich entbot lässig ein friesisch-herbes »Moin-moin!« und hörte hinter mir meine dressierten Familienmitglieder ähnliche Grußformeln abschleudern.

Unsere Gegenüber stoppten, erwiderten voller Inbrunst die entbotenen Grüße – mit erstaunten Augen zwar, aber voller Freude und Dankbarkeit. In dem Moment rauschte mir siedend heiß der Verdacht über den Rücken, dass das Opfer meiner interfamiliären Grußattacken wohl doch nicht der vermutete Autoverkäufer sein könne – doch zu spät: speziell die jüngeren Mitglieder der unterschiedlichen Clans kollaborierten bereits emsig miteinander: Die Söhne tauschten ihre Skateboards und diskutierten die darnieder liegende Disco-Szene auf Sylt, die Töchter fanden zügige Übereinstimmung darin, dass die Jungs auf der Insel alles Dummpaddel seien und die Frauen, typisch Weibersolidarität, tauschten sogleich Kochrezepte und Häkelmuster aus. Nur ich druckste herum und versuchte meinem Gegenüber klarzumachen, dass er einem Autoverkäufer aus Tinnum sehr ähnlich sei und so...

Und während das Gelächter und Geschnatter unserer fraternisierenden Familien die Möwen verzweifelt abdrehen ließ, gingen wir zwei Oberhäupter, in diesem Fall Täter und Opfer, ein gepflegtes Bier trinken und machten uns erst mal miteinander bekannt. Der Typ erwies sich als ganz passabel. Vergrüßen ist also nicht immer schädlich, nur meistens.

Sammeln ist super

Klar, ich bin Sammler. Aus Leidenschaft. Seit meiner Kindheit. Mit Wiking-Autos hat's angefangen. Dann kam der Mickey-Mouse-Sammelwahn, kurz darauf stapelten sich die »Bravo«-Hefte in meinem Jugendzimmer. Anschließend standen die Briefmarken im Mittelpunkt des Interesses. Doch das wurde mir schnell langweilig, denn Briefmarken sammeln, das war das Übliche damals, in den Sechzigern. Also stürzte ich mich in meinem Streben nach Individualität und Unverwechselbarkeit auf die Numismatik, schlichter gesagt: Ich begann Münzen zu sammeln. Das war doch schon ein andere Schnack. Numismatiker sind ja fast schon Akademiker. Hört sich jedenfalls so an. Wir Numismatiker gehörten damals in der gesellschaftlichen Hierarchie der Sammeldisziplinen zur Spitzengruppe. Tante Berta aus Ellerbeck meinte allerdings, Numismatiker wären, ähnlich wie Legastheniker, Fälle für den Therapeuten. Und irgendwie hatte sie mit dieser Einordnung nicht ganz unrecht ...

Der Zeitgeist ändert sich, und wir ändern uns mit ihm. Beatles-Alben und Pardon-Hefte wurden in den 60ern gehortet, man war auf der Jagd nach Stempeln aus aller Welt im Reisepass, stellte Töpfe, Krüge und Teller seiner Lieblings-Keramikerin auf die Fensterbank, quetschte Muscheln, Steine, Zinnfiguren in ausgediente Setzkasten und hing den stolz an die Wand im Flur.

Heutzutage können wir nicht mehr frei entscheiden, was wir sammeln wollen. Immer ausgefallenere Sammelexzesse werden uns von den ungezählten Medien ins Wohnzimmer geblasen. Und auch die Spielregeln werden ausgefeilter: Bestand früher eine Briefmarkensammlung aus gebrauchten und abgestempelten kleinen Meisterwerken, so muss heute alles neu, fabrikfrisch und unversehrt sein.

Sammler aus Leidenschaft

Was uns Sammlern so alles ins Haus kommt, ist allerhand: Meterweise Lexika zum Beispiel, das Wissen der Menschheit in Häppchen, monatlich in Kilopaketen zugestellt und nach immer mehr Regalwand verlangend. Münzen wandern, plastikverschweißt, sofort in die Tresore der Sammler, ohne dass sie ihren eigentlichen Zweck jemals werden erfüllen können. Telefonkarten beispielsweise waren

1993 der Renner der Saison, mussten postfrisch gehortet werden. Sonst waren sie nur zweite Wahl. Mittlerweile existieren in jedem deutschen Haushalt durchschnittlich 2,3 Handys. Telefonkarten werden, wenn überhaupt, nur noch für Sammler hergestellt Auch der Swatch-Uhren-Boom ist längst abgeklungen. Was nur gerecht ist, denn diese Dinger wurden niemals dazu genutzt, den Menschen zu zeigen, dass es fünf vor zwölf ist. Sie waren von der Industrie von Beginn an als Wert- oder Kapitalanlage gedacht, verschwanden in irgendwelchen Vitrinen und tauchten nur auf obskuren Tauschbörsen wieder auf, wo sie von einem Sammler zum nächsten wanderten, statt dass die Zeiger am Handgelenk einer schönen Frau fiebrig den Nachtstunden entgegeneilten.

Das fand ich pervers, da machte ich nicht mit. Nein, statt dessen erfand ich eine neue Leidenschaft, baldowerte was ganz Individuelles aus, schließlich fühlte ich mich ohne jeglichen Sammeltick irgendwie unkomplett. Mein Freund Klaus brachte mich dann drauf: Wir begannen gemeinsam Joghurtbecher zu horten, volle, pralle Joghurtbecher. Bevorzugt die Jahrgänge 1965 bis 1975. Aber geographisch eingegrenzt, ... also äh ..., ich sammle nur Süd-Dänemark und Nordfriesland, Klaus ist auf Ost-Niedersachsen spezialisiert.

Neulich hat Klaus sogar vor dem Schiedsgericht der Joghurtbecher-Sammel-Liga als Gutachter ausgesagt. Da hat doch so'n Typ behauptet, er sei im Besitz eines Original 1971er linksdrehenden Uelzener Waldbeeren-Magermilch-Joghurts für Diabetiker. Das wäre ein Weltsensation innerhalb der Joghurt-Szene gewesen. Aber Klaus hat ihm dann nachgewiesen, dass es sich um einen ganz gewöhnlichen Vollmilch-Joghurt aus Massenherstellung handelte. Das konnte er an der Wölbung des Deckels und der durchschimmernden Grünfärbung der Oberfläche erkennen. Naja, dreißig Jahre hinterlassen halt Spuren. Da wird der Becher schon mal kugelrund. Bei zwei Atü Sumpfgasüberdruck ist das aber auch nicht weiter verwunderlich.

Das Hobby, Joghurtbecher zu sammeln, ist übrigens technisch sehr anspruchsvoll. Mein Wohnzimmer musste völlig neu gestylt werden. Die Schrankwand aus der Neckermann-Serie »Kalter Krieg« wanderte auf den Sperrmüll. Sie eignete sich beim besten

Willen nicht für die moderne Nutzung. Dafür stehen an der Stelle jetzt mehrere mannshohe Temperaturschränke mit Acrylglastüren. Darin präsentieren sich in ihren schillernden Farben und Formen meine 1253 Joghurtbecher aus der APO-Zeit. Abends stehe ich oft davor, schaue sie mir versonnen an, piekse auch mal den einen oder anderen und schnüffele am entweichenden Methangas. Mir wird dann immer ganz leicht ums Herz ...

Besonders stolz bin ich auf ein äußerst seltenes Stück: Ein Tonderscher Caramel-Joghurt mit Schmelzflockendepot, eine ernährungsphysiologische Innovation, Jahrgang 1967. Wenn ich mir vorstelle, dass Fritz Teufel und Uschi Obermaier in der Kommune 1 vielleicht auch mal gemeinsam so einen gelöffelt haben, dann dreh' ich voll ab, das finde ich mega-stark.

In der vorigen Woche hatte ich unfassbares Glück. Nach dem Abtauen des Kühlschranks kam mir ein uralter Magermilch-Erdbeerjoghurt aus der Tinnumer Meierei vor den Wischlappen, außen kugelrund und innen voll pelzig. Der wird zur Zeit in Liebhaberkreisen mit... na, sagen wir mal, mindestens 700 Euro gehandelt. Aber den gebe ich nicht her. Der Kurs klettert jährlich um 200 Punkte – falls er nicht explodiert. Das passiert schon mal, ist aber der Super-Gau für uns Joghuristen.

Vom Deutschen Dachverband der Joghurtbecher-Sammler gibt es ein Spezial-Video, auf dem alle Werbespots für Joghurt und Kefir der letzten 30 Jahre drauf sind, die sogenannte »Dickmilchrolle«. Wenn ich mir mal einen schönen Abend machen will, schiebe ich dieses Video ein, und frage mich gerührt: Was ist eine Dackelzucht, was das Nackttöpfern in Vollmondnächten gegen mein Hobby?

Gestern rief mein Freund Klaus an, um mir mitzuteilen, er hätte eine neue Leidenschaft. Er sammele jetzt Käse. Aber natürlich hoch spezialisiert. Nur französischen Weichkäse. Von 1950 bis 1970. Finde ich toll, diese Idee. Schließt ja durchaus sinnvoll, wenn nicht sogar zwingend logisch an die Joghurtphase an. Nur, wie löse ich das Platzproblem? Es ginge, wenn ich den geräumigen Fernsehsessel, auf dem meine Frau immer herumlümmelt, gegen einen käsetauglichen Temperaturschrank austausche. Das wäre ein gute Lösung. Zumal das Fernsehprogramm sowieso immer schlechter wird...

Ausflugstip Entsorgungspark

Seitdem der urzeitliche Silberzahntiger freilaufende Menschenarten nur noch selten angreift, reduzieren sich unsere Angstzustände auf Besuche beim Zahnarzt und von Finanzbeamten. Ansonsten haben wir das Leben so ziemlich im Griff. Neuerdings drängt aber ein bislang unbekanntes Problemfeld in unseren Alltag. Immer häufiger kommt es vor, dass wir uns von liebgewonnenen Dingen trennen müssen: Ein altes Sofa, auf dem der Erstgeborene gezeugt wurde, ein implodierter Dia-Projektor, mit dem wir Bataillone von Verwandten und Freunden malträtiert haben, oder ein schrottreifer Kühlschrank, der uns so manchen Hektoliter Flens runtergekühlt hat. Hopp, ins Auto damit, ab zum Müllkompostpark und eins-zwei-drei, sind wir total entsorgt. Pustekuchen! So spaßig geht es selten zu. Manchmal kommt man sich vor wie Heinrich, der IV., beim Gang nach Canossa ...

Ich war mal wieder total zugemüllt. Im Garten hatte ich eine Ecke komplett verblaumüllsackt. Der Zugang zum Keller war quasi versperrmüllt und meine neue Büroeinrichtung hatte mir eine Verpackungsmüllorgie der Dritten Art beschert. Nachdem ich mich wie ein Maulwurf aus diesem Wellpapp-Desaster herausgewühlt hatte, beschloss ich besorgt eine schnelle Entsorgung. Sollen doch, dachte ich in meiner Einfalt, die flotten Jungs vom Entsorgungspark in Westerland-Süd an dem Mist ersticken. Denn die Müllgebühren hatten sie sich schon wie mit einem Staubsauger von meinem Konto auf ihres 'rübergeschnullert. Also sollten sie den anderen Krempel auch bekommen.

Schnell zottelte ich die Sitze aus meiner Großraumlimousine, was mir schlappe drei Kubikmeter Müll-Zwischenlager eröffnete. Geschickt reduzierte ich das Volumen der Müllkartons, indem ich auf ihnen herumsprang wie ein Rumpelstilzchen. So gelang es mir, das Büro wieder freizumüllen. Am Ende fand ich sogar meinen alten Anrufbeantworter wieder, mit all den freundlich gemeinten Neujahrsgrüßen für 1993 und '94.

Dann zwängte ich mich hinters Lenkrad und steuerte meinen Pappkarton-Castor über den South-City-Highway zum Entsorgungsparadies am Rantumer Becken. Ich hatte Glück. Es waren nur 23 Fahrzeuge vor mir. Schon nach zweieinhalb Stunden war ich an der Reihe. Schranke auf, mit heulendem Motor schoss meine mobile Müllhalde hervor, die Schranke knallte herunter. Ich stieg aus – mit zitternden Knien und unsicher, ob ich der nun folgenden Prüfung wohl gewachsen wäre.

Der Obermüllinquisitor schaute mich an und knirschte mit den Zähnen:»Was wollen sie hier? Warum blockieren sie unsere Einfahrt?« Voller Demut senkte ich das Haupt.»Ach, großer Meister, ich hätte da ein wenig hochwertigen feinstvorsortierten Müll anzuliefern. Seid versichert, Excellenz, alles vorschriftsmäßig getrennt, aber trotzdem trenne ich mich nur ungern davon.«

Der Herr der Halden schaute mich an, als hätte ich seiner unmündigen Tochter ans Knie gefasst. «Waaas, sie haben Müll mitgebracht?! Ja, sind sie denn wahnsinnig – der ganze Hof ist schon voll damit!«

Den Tränen nah biss ich tapfer die Zähne zusammen und lobpreiste meine Mitbringsel:»Nun schauen sie sich die Ware doch erst mal an. Zuerst hätte ich da drei Sack Premium-Grasschnitt aus meinem Garten... wahrhaftig, Meister, damit stopft sich sogar unser Igel das Kopfkissen...«»Graaasschnitt, Gaaartenabfälle?!?!« Mein Gegenüber musterte mich angeekelt:»Mann Gottes, sind sie gestört? Das ist Öko-Sondermüll. Pro angefangenen Kubikmeter kostet die Entsorgung 275 Euro.« Ich tat so, als hätte ich diese Unverschämtheit überhört.»Und dann hätte ich noch ein paar Kartons Verpackungsmaterial und so...« Dem Müllmaster trat der kalte Schweiß auf die Stirn. Im Adlersystem hackte er meine Angaben in den Computer und mit bedrohlich leiser Stimme raunte er mir zu:»Verpackungsmaterial ist Gewerbemüll. Da nehmen wir das Autogewicht und multiplizieren es mit dem Datum ...«

Zwischenzeitlich waren die anderen Mitarbeiter im Großraumbüros aufgestanden und zu uns getreten. Ich hatte das Gefühl, von lauter Hooligans umstellt zu sein, die eine Mutprobe von mir forderten. Mit jammernder Stimme fuhr ich fort: »Ja, und dann hab' ich noch einen Farbeimer mit einem klitzekleinen Rest ... aber keine Angst, ganz gesunde Farbe, ein Naturprodukt, ökologisch getestet ... das Zeug können sie sogar trinken, das ist gesünder als Muttermilch ...«

Der Obermüllinquisitor verlor schlagartig das Bewusstsein und kippte vom Stuhl. Durch kalte Kompressen und Kniescheibenmassage wurde mein Gegenüber von seinem Vermüllteam wieder aufgerichtet. Er schaute mich mit kalter Verachtung an und kläffte: »Das ist Sondermüll. Den sammeln wir kostenfrei ein – jedes Schaltjahr am 29. Februar. Aber nur, wenn er auf einen Freitag fällt!« Das gab mir Mut, und ich erdreistete mich zu fragen: »Wann, bitteschön, wäre das denn wohl wieder?«

Daraufhin entpuppte sich die Entsorgertruppe als schenkelklopfende, hämisch lachende und auf den Schreibtischen tanzende Horde. »Das war vor vier Wochen und ist erst wieder im Jahre 2026«, krähte mit kollapsnahem Gegluckse einer aus dem Chor der Entsorgungstherapeuten, »und ihren Dingsda, ihren Eimer, den nehmen sie gleich wieder mit. Das Zeug müssen sie solange im Kühlschrank aufbewahren. Wir kommen jede Woche vorbei und kontrollieren das!«

»Aber die ganzen Pappkartons, die ich da habe, die werden sie mir doch sicherlich zu einem günstigen Preis abnehmen. Früher, als Kind, da habe ich mir damit immer mein Taschengeld aufgebessert.«

Die Besatzung des Müllschlucker-Großraumbüros wischte sich die Lachtränen ab. Mein Kompost-Entertainer beugte sich vor, griff mir an den Kragen und zog mich über den Tisch: »Pass mal auf, du Suppentrulli«, zischte er und fummelte sich mit der Linken eine Davidoff aus seiner Hemdtasche, »die einzigen Papiere, die wir hier kostenfrei entgegennehmen, sind Aktienpakete von RWE, ist das klar?« Dann ließ er mich los, und ich fiel ihm klappernd wie eine Pinocchio-Puppe vor die Füße.

Inzwischen hatte sein Tintenstrahldrucker meine Rechnung fertiggespritzt. Der Müllspecht nahm sie, schaute grinsend drauf und hackte rasch noch eine 30%ige Sanierungsabgabe für den Bundeshaushalt, 15% Nordvorpommern-Nothilfe sowie weitere 15% Umlage für die Verschönerung der Westerländer Promenade dazu . . . Bingo!

Beidhändig wühlte ich in den Hosentaschen, meinen kleinen Privatmüllbeuteln, und fragte:»Nehmen sie auch Kreditkarten?« Daraufhin laserte er mich mit seinen mitternachtsblauen Augen – Blicke trafen mich, kalt wie zwei Glas Küstennebel – und knurrte kehlig:»Natürlich nehmen wir Kreditkarten – als Sondermüll der Klasse 3a. Der kostet 420 Euro pro angefangenen Kubikmeter ...«

Ich kaufe mir eine Fahrradklingel

Der Sylter ist schlechthin der Prototyp des kritischen Kunden und mithin der Schrecken eines jeden Verkäufers. Wenn der Sylter sagt, er möchte 300 Gramm Kaviar kaufen, dann meint er nicht 297 Gramm und auch nicht 304 Gramm, sondern – verdammt noch mal, das kann doch nicht so schwer sein – genau 300 Gramm. Und davon lässt er sich unter keinen Umständen abbringen. Denn der Sylter weiß, dass der Kunde König ist. Und ein König lässt sich, wie wir alle wissen, nichts aufschwatzen.

Ich schaue auf meinen Zettel. Die meisten Positionen sind schon durchgestrichen, abgearbeitet. Wenn der Sylter aufs Festland fährt, liegen immer gleich tausend Dinge an. Wenn schon, denn schon, der Aufwand muss sich schließlich lohnen.

So, was kommt als nächstes dran? Ah ja, eine leistungsstarke Fahrradklingel, ein zünftiger Rentnerschreck. Damit ich mir auf der alten Inselbahntrasse Richtung List stets freie Bahn verschaffen kann, wenn ich mit dem Rad meiner Jugend hinterher rase.

Und schon stehe ich vor diesem nagelneuen Fahrradladen, von dem alle reden, ein Velo-Palast aus Marmor, Glas und High-Tech, voll durchgestylt und eindeutig fit fürs 21. Jahrhundert. In der Dekoration blitzen Fahrradkomponenten, dargeboten wie Operationsbestecke, verchromt und hochglanzpoliert.

Ich bekomme große Augen und drücke mir die Nase am Schaufenster platt, ganz so, wie es die Kinder in der Adventszeit an Spielzeugläden tun. »Mit dem Mountainbike durch Tibet, mit dem Trekking-Rad in die Toskana, mit der Rennmaschine um den schwedischen Vetternsee.« Träume, Sehnsüchte. Ach, papperlapapp, eine Höllen-Fahrradklingel soll's sein, nichts weiter!

Ich überwinde meine Schwellenangst, trete ein, verlasse all das mir Vertraute, gebe mich hin dem Wollen, vergesse das Sollen. Ein

Verkäufer steuert auf mich zu, ein echter Schwiegermuttityp. »Guten Tag, der Herr, was kann ich für sie tun?« – »Ja, also, äh, ich wollte . . . ich brauch ... ham' sie auch Fahrradklingeln?«

Oh Gott, denke ich, nun lacht er mich aus. Ich muss ihm ja vorkommen, wie ein Skateboardjüngling, der bei Jörg Müller 'ne Tüte Pommes verlangt. »Wir haben alles für sie da. Fahrradklingeln, Fahrradsignalanlage, Fahrradhupen. Manuell zu betätigen, elektrisch betrieben, elektronisch gesteuert, Einklang, Zweiklang oder Mehrklang. TÜV-geprüft, im Stand zu betreiben oder über Fernbedienung, alle Daten über Display abrufbar. Die amerikanische Version mit integriertem Höhenmesser oder die italienische Variante, wasserdicht bis 250 Meter, das Einsteigermodell für 20 Euro oder die Karbonversion mit Stereoeffekt für 250 Euro. Was schwebt ihnen denn so vor?« Nach diesem verbalen Überfall holten wir beide erst mal tief Luft, allerdings aus unterschiedlichen Gründen.

»Ja, nein, äh ... ich dachte,... ich meine, ... haben sie auch die chinesische Variante für ,n' Heiermann in Euro, eine die ähnlich laut ist wie die China-Böller?« In dem Moment spüre ich: Es ist ein ungleicher Kampf mit ungleichen Waffen. Er besitzt die Kompetenz, die Kraft der Worte, die Macht der Argumente, kurzum: Er hat ein Heimspiel. Und die chinesische Fahrradklingel, die hat er auch. Für 6,50 Euro. In diesem ›Bicycle-Store‹ ist halt alles etwas vornehmer.

Um es kurz zu machen. Er hat mich davon überzeugt, dass »dieses Teil«, jene fernöstliche Klingel, die Gestaltungsästhetik eines jeden Fahrrades zerstört. Es wurde mir vieles klargemacht, und der große Zeiger auf meiner kleinen Uhr hatte schnell eine Runde vollendet. Außerdem hatte ich bald begriffen, dass ich gar keine Klingel benötigte. Nein, ich wollte ein neues Fahrrad. Das war mir nur nicht so recht bewusst geworden, der Wunsch lag quasi verschüttet unter meiner psychologischen Oberfläche. Man gut, dass mir dieser nette Verkäufer Hilfestellung gab, sonst hätte ich das womöglich nie gemerkt.

Wir hatten gerade gemeinschaftlich beschlossen, dass es ein blaues Reiserad werden sollte. Eines mit Chrommolybdänrahmen. Und mit 21 Gängen, STI-Schaltung, englischem hand-made Ledersattel, kohlefaserverstärkter Gabel, kevlargestützten Reifen, Nabendynamo, Halogenlicht, innenverlegten Schaltzügen und Lowrider.

Meinen Einwand, dass ich im Sommer kaum zum Radfahren käme, weil die Saison auf Sylt mich voll fordere, entkräftete der talentierte Verkäufer mit dem Hinweis, dass in den Laden eine Agentur für einen internationalen Reiseveranstalter integriert sei. Und von Januar bis März böten sie echt beinharte Fahrradtouren in Feuerland an. Dieses Argument beeindruckte mich nachhaltig, und schon waren wir dabei, Prospekte zu blättern.

Eine weitere Stunde später: Unter meinem rechten Arm klemmte ein riesiges Paket mit Fahrrad-, Outdoor- und Survivalklamotten und in der linken Hand hielt ich die Reisebestätigung für eine vierwöchige Radtour durch den Süden Südamerikas plus eine Woche Badeurlaub auf den Falklandinseln.

Das Fahrrad sollte mir zugesandt werden. Für 1.500 Euro kann man das ja wohl auch verlangen. Mein Laufzettel mit den notwendigen Erledigungen erweiterte sich dadurch aber um einige Positionen. Beispielsweise musste ich jetzt zum nächsten Gebrauchtwagenhändler, um mein Auto in Zahlung zu geben. Man kann sich halt nicht alles gleichzeitig erlauben. Und anschließend der Canossa-Gang zur Bank. Eine höherer Dispo musste her. Und anschließend ins Tropen-Institut, wegen der Malaria- Schutzimpfung.

Ach ja, und dann noch folgenden Hinweis an meine Leser: Sollten Sie mir irgendwo auf der Insel begegnen, erwarten Sie nicht, dass ich mit meiner neuen Supermaschine unterwegs bin. Dieses Bike wäre hier völlig deplaciert. Es ist für extreme Witterungs- und katastrophale Pistenbedingungen ausgelegt. Auf Sylt gurke ich nach wie vor mit meiner alten Rostlaube herum. Aber Vorsicht, gehen Sie mir aus dem Weg! Denn eine anständige Klingel habe ich noch immer nicht am Lenker ...

Loblied auf die Meteorologie

Je schneller und weiter die Zeit voranschreitet, desto besser und schöner wird alles. Mussten wir uns früher mit zwei bis drei umhermoralisierenden Fernsehanstalten herumärgern, so blasen uns heutzutage 35 Sender die bunten Wonnen der Welt in die Wohnung. Und bald, wir müssen uns nur noch ein wenig gedulden, werden uns 500, später 5000 Rund-um-die-Uhr-Sender ihre Quiz-, Talk- und Volksmusikprogramme volldigitalisiert durchs Glasfaserkabel ins Haus pumpen. Der Fortschritt ist überall feststellbar. Schon können wir von jedem Ort aus mit jedem Menschen telekommunizieren. Nur schade, dass die ganze Handy- und Mobiltelefon-Show schon wieder auf unterstes Proll-Niveau gesackt ist. Nicht nur, dass die Geräte lange Zeit weniger kosteten als ein extra scharfer Big Mac in den asiatischen Wochen bei Burger King, es hat den Rang eines Status-Symbols längst eingebüßt. Ist doch klar: Wenn schon Dreijährige ihre Urgroßmutter aus der Sandkiste anrufen, findet die werberelevante Zielgruppe zwischen 14 und 21 den »act« nicht mehr »cool«. Das hat dazu geführt, dass der durchschnittliche Handy-Benutzer heute ein Golf-GTI-fahrender Hauptschulabbrecher mit dem Berufsziel Zuhälter ist. So wandeln sich die Werte in unserer Gesellschaft ...

Ähnlich ist es mit der Wettervorhersage. War es in den Sechziger Jahren leichter, Lottokönig zu werden als eine halbwegs präzise Wetterprognose aufzustellen, so haben die Wetterfrösche in letzter Zeit gewaltig aufgeholt. Unser zuständiges Meteorologisches Institut in Schleswig hat mit High-Tech und genauen Kenntnissen der geographischen Besonderheiten Schläfrig-Holsteins unsere Radtouren und Grillparties wieder planbar gemacht. Und auch die Wetterwarte List skizziert in ihrem laufend aktuali-

sierten Ansagedienst (Tel. 871098) das Sylter Mikroklima mit phänomenaler Präzision:

»Hier ist die Wetterwarte in List. Es folgt die Vorhersage für Mittwoch, den 28. September. Der Ausläufer eines Azorentiefs streift gegen 11 Uhr dreißig Sylt. Im Bereich der nördlichen Stadumstraße ist mit Niederschlägen zu rechnen. Frau Brodersen wird gebeten, die Bettwäsche rechtzeitig 'reinzuholen. Gegen 14 Uhr fünfundvierzig kommt im Bereich Kampen-Braderup die Sonne durch, damit Bauer Runkel seine letzten Heuballen bergen kann. Um 16 Uhr vierzig erwarten wir im Bereich Brandenburger Straße auffrischenden Wind der Stärke fünf bis sechs, so dass einige Trainingseinheiten für den Surfcup gefahren werden können. Den Besuchern der Theaterveranstaltung im Alten Kursaal wird empfohlen, Schirme mitzunehmen, da es gegen 21 Uhr fünfzig in der Stephanstraße ein wenig schauern wird.«

Dieser unglaublich präzise Service hatte unser Outdoor-Leben vorübergehend kalkulierbar gemacht. Doch nun hat der Deutsche Wetterdienst die Außenstelle Schleswig weggeschlankt und die Wetterberichte im Radio sind doch ausgesprochen allgemein gehalten:

»... es folgt die Vorhersage für Mittwoch, den 18. September. Umlaufende Winde, heiter und oder bis wolkig – unter Umständen Schauer oder nicht, am Abend hereinbrechende Dunkelheit, Temperaturen ähnlich wie gestern – diese Wetterprognose wurde gesponsert von Beate Uhse International – das Dauerhoch im Norden.« Aber wir sind ja schon froh und dankbar, überhaupt zu erfahren, dass Wetter noch stattfindet.

Im Rahmen allgemeiner Kostenreduktionen sollen ab der Saison 2005 die Wetterdrohungen direkt von der Kurverwaltung erstellt werden:»Nachdem schon am Fkk-Strand vereinzelt Hochdrucklagen gemeldet wurden, kommt es nun auch in der Saunalandschaft zu erhöhten Temperaturen. Am frühen Nachmittag werden die Ehrenkurgäste in Höhe Musikmuschel erleben, dass auch der Herbst schöne Tage hat. Das Wetter am morgigen Tag fällt aus, da die Kurverwaltung ihren verdienten Betriebsausflug unternimmt. Über das Wochenend-Wetter muss der Betriebsrat der Kurverwaltung noch beschließen. Kommt es, was zu erwarten ist, zu keiner Einigung, dann gilt automatisch das Wetter des vergangenen Wochenendes.«

Sollte im Zuge weiterer Rationalisierungen der Wetterdienst einmal der Bahn AG übertragen werden, dürfte die Trefferquote bei den Vorhersagen in den nicht mehr nachweisbaren Bereich absacken:»Achtung, treten Sie von den Lautsprechern zurück. Es folgt, mit fünfzigminütiger Verspätung, die Wettervorhersage für die Westküste. Ein für heute angekündigtes Hochdruckgebiet musste wegen dringender Reparaturarbeiten an der Tinnumer Weiche umgeleitet werden. Dafür wird auf Gleis drei ein Tiefausläufer bereitgestellt. Bitte erst einsteigen, wenn alle Fahrgäste nassgeregnet sind. Vor dem Imbiss in der Bahnhofshalle geht es zur Zeit heiter bis feucht-fröhlich zu. Daher erwarten wir in Kürze einige Niederschläge. Der um 15 Uhr siebenundzwanzig auf Bahnsteig eins stattfindende Sonnenschein darf nur mit Platzkarte benutzt werden. Wegen erhöhter Ozonwerte sollte auf körperliche Aktivitäten verzichtet werden. Begeben Sie sich bitte umgehend in den Packwagen der Regionalbahn zu den 240 Pendlern. Da kann sich sowieso niemand mehr bewegen.«

Und dieser neue Bahn-Service läuft dann unter dem leicht modifizierten Motto:»Alle reden vom Wetter – wir sagen es voraus«.

Die Welt kommt nach Sylt

Sollte es tatsächlich zutreffen, dass nicht das plumpe Faulenzen, also die sogenannte Erholung, Hauptreisegrund der Deutschen ist, sondern vielmehr das Studium fremder Menschen und Kulturen, dann kann der Sylter getrost zu Hause bleiben. Denn was uns die Urlaubszeit hier für ein menschliches Panoptikum vorführt, ist ein Geschenk, über das wir tagtäglich dankbar sein sollten. Absonderliche Biographien, abstruse Weltanschauungen, charakterliche Deformationen und bizarre Lebensentwürfe mieten sich bei uns ein und erinnern uns durch ihre bloße Anwesenheit schmerzlich daran, dass wir zwar ganz am Rande der Republik leben, aber irgendwie auch mittendrin.

Mein Schwager Berthold zum Beispiel muss einen Gast aus Hessen betüteln, der sich im September »nur mal für eine Woche« hatte einquartieren wollen. Er ist immer noch da! Und mittlerweile wird es um 16 Uhr dunkel. Seinen Job zu Hause haben sie weggedampft, die Altersversorgung hat er am Neuen Markt verbrannt und seine ältere Tochter hat nach 22 Semestern kurz vorm Examen ihr Sozialpädagogik-Studium geschmissen. Sie hat dann erst 'ne Zeit lang rumtöpfert und will jetzt auf Heilpraktikerin umschulen. Vergangene Woche hat sie sich gerade auf La Gomera zu einem Eigenurin-Schnupperkursus angemeldet und will dann später Urschrei-Seminare in stillgelegten Uranbergwerken anbieten

Seine Frau Gemahlin ist auf dem Ayurveda-Trip. Dreimal schon ist ihr beim Telefonieren der Hörer aus den öligen Fingern geflutscht. Zu allem Unglück hat sich für Anfang Januar auch noch die Steuerprüfung angemeldet und schließlich sorgte der herbstlich-hessische Dauerregen dafür, dass in seinem Keller die Etiketten der sündhaft teuren, französischen Weine fröhlich auf dem kniehohen Wasser schaukelten.

Und gestern rief die jüngere Tochter an, um stolz zu berichten, dass sie von ihrem neuen Freund, einem schwarzhaarigen und glutäugigen Sohn des Morgenlandes, dem amtierenden Breakdance-Meister von Mannheim-Ost, ein Kind erwarte. Jetzt hat dieser vom Schicksal durchrüttelte Mensch beschlossen, sein Handy abzumelden und überlegt ernsthaft, hier auf Sylt berufliches Asyl zu beantragen. Ja, er möchte gerne Kurkartenkontrolleur werden und er spiele mit dem Gedanken, zwecks optimaler Vorbereitung im Winter einen Friesisch-Kurs zu belegen. Zu einer Begegnung der dritten Art geriet kürzlich bei Olli und Meta die Einmietung eines anderen obskuren Gastes. Hätte ich rechtzeitig davon erfahren, mein Gott, ich hätte ihnen intensivst von diesem Beherbergungsvertrag abgeraten! Wie sich im Nachherein aus der Aktenlage ergab, war der Mann Diplom-Psychologe und bis zu seiner umstrittenen Frühpensionierung – er konnte schließlich glaubhaft machen, ständig einen Brummton zu hören – Leiter eines Amtes für alternative Lebensformen. Oben rum, also bis zum Kragen, sah er aus wie ein Vogelwart auf Scharhörn, dann kam ein flauschiger Eugen-Drewermann-Pullover, dem folgte eine Cordhose, ein sackähnlicher Anachronismus der 70er Jahre, und am unteren Ende steckte die Männerkarikatur in entenfüßigen Gesundheitsschuhen. Dass er nur warme Milch trank, täglich zweimal mit seiner Mutter telefonierte und das Fischbrötchen nicht bei Gosch, sondern nachweislich bei »Nordsee« kaufte, machte schon stutzig. Auch sah er nie fern, sondern hörte immer nur NDR 3 oder 4 – und das im Urlaub. Doch zur Katastrophe kam es erst, als er sich hier Einlegesohlen mit eingearbeiteter Magnetschleife kaufte, die laut Waschzettel »negative Energien« ableiten sollten. Nachdem er die Dinger in seine Schuhe reingefummelt hatte, das ergaben später unsere umfangreichen Recherchen, rannte er damit noch ein paar Mal über den Teppich in Ollis Appartement, einem Synthetikmonster aus dem vergangenen Jahrhundert. Dadurch hatte unser Sonderling sich jedoch mit derart positiver Energie aufgeladen, dass er dem elektrischen Schweinetreiber von Bauer Piepenbrink glich, ja mehr noch: Er stiefelte anschließend durch Westerland wie ein durchgeknalltes Trafohäuschen! Fahrstühle blieben stehen, Automatiktüren sprangen auf, Alarmanlagen heulten in seinem Dunstkreis los und der Geldautomat der Sparkasse spuckte ihm 400 Euro vor die Füße, noch bevor er seine EC-Card aus dem Brustbeutel gefingert hatte.

Am nächsten Tag fuhr er zurück ins heimische Hamburg. Dass er vorher noch mit seinen Heizplatten an den Füßen sämtliche Auto-Navigationsanlagen lahm legte und die Morsumer deswegen nicht mehr den Weg nach Westerland fanden, wurde ihm gar nicht bewusst. Er wunderte sich nur, dass sein Zug 28 Minuten vor der regulären Ankunftszeit Altona erreichte, ein Novum in der hundertjährigen Geschichte der Marschenbahn! Ja, die Magnetschleifen brummten vor Wonne und hatten die simple Elektronik der Bahn-Dieselveteranen auf volle Touren gebracht.

Als er kurz darauf durch die Hamburger Innenstadt taperte, um im Körnerladen Müslischrot zu kaufen, legte er beiläufig die U-Bahn still und die Ampeln sprangen auf Rot. Inzwischen war er aber schon von den Infrarot-Satelliten des amerikanischen Geheimdienstes geortet worden und in Höhe Gänsemarkt sammelte ihn schließlich ein Sonderkommando für Terrorismusbekämpfung ein.

Meta und Olli wurden drei Tage lang vom BKA verhört, ob der Festgenommene Kontakte zur Sylter Flugschule gehabt habe. Doch als sie berichteten, dass der gute Mann nicht einmal in der Lage gewesen wäre, eine simple Magnetstreifenkarte zu bedienen, weshalb er sich für fast drei Tage in der Umkleidekabine der »Sylter Welle« eingeschlossen hatte, wurde er von jedwedem Terrorismusverdacht freigesprochen. Er hat sich jetzt, so haben wir gehört, für den Job als Energiesenator bei Herrn Schill beworben. In dessen Parteihaufen passt der Mann wie hineingeschnitzt.

Was ich mit diesen zwei Beispielen nur klar machen will ist: Hier auf Sylt lernst du Feriengäste kennen, die triffst du nicht im Orient und nicht im Okzident. Wozu also sollen wir Sylter da hinfahren?

Bädertourneen als Bildungsreisen

Okay, als Handlungsreisender in Sachen Humor komme ich natürlich viel rum im Land. Häufig tingele ich durch die exclusivsten Badeorte Schleswig-Holsteins, um die Küsten abzukaspern. Gelegentlich gastiere ich allerdings auch in Einödbadeorten Dithmarschens, ich verirre mich auf die Ordinger Breitsandstrandsteppen, schwimme nach Föhr oder pröttele bis dicht an die polnische Grenze nach Grömiczkowice, um auch dort die Kurgäste wachzurütteln und sie am satirischen Nasenring durch den Abend zu zerren. Einige unangenehme Begleiterscheinungen für mich selbst kann ich allerdings nicht leugnen. Jedesmal, wenn ich an einem der Zielorte ankomme, falle ich erstens aus dem Auto und zweitens in einen Kulturschock erster Klasse – da würden sogar Marco Polo oder Alexander von Humboldt die Contenance verloren haben! Die Verschiedenheit der Ortschaften ist verblüffend. Jede hat eine spezifische Aura, ist gewachsen mit seinen Gästen, hat deren Geschmack, deren Aroma angenommen. Aber inzwischen bin ich geschult und könnte mit meinem Talent glatt bei »Wetten, dass« auftreten: Bindet mir die Augen zu, stellt mich auf eine beliebige norddeutsche Promenade und ich sage Euch welche Klitsche das ist. Die Gerüche, die Geräusche, das Gewusel – ich weiß sie zu deuten!

Beispiel Büsum. Man biegt bei Heide rechts ab und wälzt sich 'ne halbe Stunde durch platte Kohlfelder, dann erscheint ein acht Meter hoher Deich, an dessen Fuß eine unstrukturierte Streusiedlung schläft. Die Gäste sind zu neunzig Prozent Rentner zwischen vierzig und achtzig, die schon seit einem halben Jahrhundert ihre Kreuzworträtsel in Büsum bearbeiten. Die restlichen dreißig Prozent sind Ossis, die nach vierzig Jahren Badeurlaub im Gewerkschaftsheim auch mal die legendäre Nordsee erleben wollen. Auf der Fahrt nach Helgoland kotzen sie sich die Seele aus dem Leib, das plattdeutsche Heimattheater verstehen sie nicht, Hummersoße halten sie für eine Delikatesse und das Fernsehprogramm des Mitteldeutschen Rundfunk kriegen sie hier nicht rein. Trotzdem kommen sie jedes Jahr wieder. Keiner begreift, warum.

Ganz anders Föhr. Unsere Nachbarinsel wird von einer ausgesuchten Premium-Klientel frequentiert: Pastoren mit Zweidrittelplanstelle, Studienräte für Deutsch und Geschichte, stellvertretende Kreissparkassen-Filialleiter und entwicklungsgestörte Kinderbibel-Illustratoren. Der weibliche Teil der ehelichen Wertegemeinschaften, in denen diese Typen dahinvegetieren, verdingt sich als Gleichstellungsbeauftragte, Diplombibliothekarin oder Kurskoordinatorin an der VHS. Im Ehrenamt leiten sie, das nötigt Respekt ab, den Elternbeirat des altsprachlichen Gymnasiums. Ferner bringen sie sich in den Förderkreis der örtlichen Musikschule ein.

Schon auf der Fähre von Dagebüll können wir erleben, wie sie in ihren Kindern – das Haar gescheitelt, Brille schon ab vier – das Gute wecken:»Nein Konstantin-Alexander, bitte nicht die Möwen füttern, sie koten sonst das Oberdeck voll!«. Dann wendet sie sich wieder ihrer Lektüre zu, vorzugsweise Wälzer vom Kaliber»Ullysses«, während das Familienoberhaupt mit dem ererbten Zeiss-Jenaer Fernglas die Sandbänke nach Seehunden absucht. Tage später entdecken wir das Ehepaar auf Hollandrädern – vorne mit Kartenhaltern und oben mit monströsen Fahrradhelmen auf den klugen Köpfen – wie sie gegen den steifen Westwind anstrampeln, um den Orgelimprovisationen in der Nieblumer Kirche beizuwohnen. Die Kinder haben sie derweil bei der Wyker Kurverwaltung geparkt, wo sie von der 325-Euro-Animatöse mit Kirchentagsliedern in die Abendseligkeit geklampft werden.

Die Familie hat sich nach intensiven Gesprächen am heimischen Kamin geeinigt, den vertrauten Kulturkreis für die Zeit der Erholung nicht zu verlassen und die Nordsee, Föhr eben, zum Urlaubsort erwählt. Nein, Sylt war keine Alternative. Die dekadente Grundhaltung in diesem insularen Sündenbabel wäre einer werteorientierten Prägung der Kinder eindeutig abträglich. Höchstens ein Fastenaufenthalt in der Heimvolkshochschule Klappholttal irgendwann im November käme in Betracht, aber auch erst dann, wenn die Kinder mal aus dem Gröbsten raus sind.

Eine kolossal schwere Prüfung, eine Herausforderung erster Güte ist ein Kabarettabend in Wittdün auf Amrum. Wenn es gut läuft, sitzen da 30 Figuren, Ornithologen in Kleppermänteln und Birkenstocksandalen, drei Zivis, zwei Esjottler (»soziales Jahr« – leben nur von Omas Zuwendungen und latenter Blauäugigkeit) und als intellektuelle Speerspitze ein Trupp von Anthroposophen, die sich mit dem Kurs »Homöopathie für Fortgeschrittene« durch die Woche gerüttelt haben. Da ist jeder Komiker zum Scheitern verurteilt. Eher würde ich das Zentralkomitee der Nordkoreanischen KP zum Toben bringen, als ein Schmunzeln in diese Gesichter zu zaubern.

Göttlich ist es zuweilen auch an der Ostsee, zum Beispiel in Kellenhusen an der nördlichen Lübecker Bucht, schon fast in Sichtweite der Baltischen Staaten. Feiner Sandstrand, vergitterte Strandkörbe, Promenade und Budenzeile. Am Horizont übt unsere Bundesmarine, Oma liest »Tina«, Mutti liest »Gala«, Papi ist zum Dorschangeln raus und die Kids robben mit dem Schlauchboot durchs mildsalzige Wasser. Zum Mittag gibt es die beliebte »Kanzlerplatte« – also Currywurst mit Pommes bis zum Abwinken und ein Quadratmeter Cola handwarm aus der Dose. Sonntags klettern alle in Papis baumarktverspoilerten Ascona und dann geht's ab nach Sierksdorf in den Freizeitpark. Und dass Benny es letzten Montag mit dem Tretboot fast bis hinter den Horizont geschafft hat, finden jetzt alle toll. Und »voll super« wie er dann von einem Zollkreuzer zurückgebracht wurde – »wenn wir das Opa im Pflegeheim erzählen, na, der wird ja stolz sein!«

Ja, so ist es, kein Ort gleicht dem anderen, keine Kurgastmeute der nächsten. Deshalb sind Bädertourneen eine Schule des Lebens und ein Quell der Freude. Als nächstes plane ich eine Gastspielreise durch MacPom. Man muss kein Prophet sein, um zu erahnen: Das dortige Publikum wird alles bisher Dagewesene in den Schatten stellen...

»Geld her, aber dalli!«

Dass sich Weihnachten vom betulichen Familienfest zu einem medialen und ökonomischen Mega-Event entwickelt hat, ist nicht nur mit der esoterisch-religiösen Durchdringung zu begründen. Der Hauptgrund ist natürlich, dass die Menschen lustvoll und mit beiden Händen Geld zum Fenster rauswerfen können. Die schrecklichen Folgen sind mit nutzlosem Tand und Tineff zugemüllte Wohnungen und von Liebesbeweisen erstickte Partnerschaften. Voraussetzung für solche Kaufrausch-Amokläufe ist natürlich das Verfügen über die nötigen liquiden Mittel, vulgo: Schotter! Das kann man sich entweder leihen (unangenehm), erarbeiten (sehr mühselig), ererben (manchmal sehr langwierig) erschwindeln (sehr kompliziert) oder erbeuten (immer sehr aufregend). Der Ablauf eines Bankraubs zum Beispiel wird durch das kulturelle und ethnologische Umfeld geprägt. Ein Besitzwechsel größerer Mengen Geldes durch Androhung unmittelbarer Gewalt, etwa durch das Herumfuchteln mit Schiessprügeln, inszeniert sich in Chikago oder Sao Paulo elementar anders als in Unaften oder Schnatzelreuten an der Schnatter. Und auch auf unsere geliebte Heimatinsel Sylt passt ein handfester Überfall so gut wie Grünkohl, Boßeln und Ringreiten. So wie neulich in einem unserer renommierten Geldinstitute ...

Ein Bankräuber tritt an den Zahlschalter, lupft eine Pistole aus der Manteltasche und krächzt: »Banküberfall – Geld her!« Der Geldwühler jedoch schaut ihn nur kurz mit seinen eisblauen Augen an und knurrt: »Haben sie mal in den Spiegel geschaut, Mann? Sie sehen echt verheerend aus. Diese Strumpfmaske steht ihnen ja überhaupt nicht.«
Der nette Schalterbeamte hat recht. Durch das Über-den-Kopfziehen eines Nylonstrumpfes hat sich das Antlitz unseres Outlaws

stark ins Bratwursthafte verändert. Seine gequetschte Nase ähnelt nun einer Unterputz-Nassraum-Steckdose und die zum Kinn hin verschlappte Unterlippe lässt ihn aussehen wie Jassir Arafat im Küstennebelrausch. Der Tunichtgut beugt sich betroffen zum Zahlteller und flüstert: »Das hat meine Frau auch gesagt, aber ich trage das Ding ja nur auf Arbeit.« Beim Reden saftet er einen steten Speichelfluss durch seine Tarn-Membrane, was seiner ohnehin spärlichen Attraktivität nicht gerade zuträglich ist.

In der Schlange hinter ihm macht sich langsam Unruhe breit. Rechtschaffende Bürger äußern Kritik am schleppenden Fortgang der Untat vorne am Schalter. Der Bankräuber dreht sich um und brüllt:»Kapitalverbrechen! Alle hinlegen!«Doch da hat die geldgierige Kanaille wohl vergessen, dass er es mit Syltern zu tun hat: Kopfschütteln, verschränkte Arme und trotzig nach vorne geschobene Unterkiefer sind die Folge – keiner legt sich hin. Rudolf Schwenn, Hotellerist in Wenningstedt, protestiert:»Vor 3 Uhr früh leg ich mich nie hin.« Und ein Tinnumer Gastronom polemisiert übelst:»Ein anständiger Banküberfall dauert 20 bis 30 Sekunden und du eierst da schon bald zehn Minuten rum. Du bist wohl noch in der Probezeit, was...?« Meckerndes Gelächter dankt es ihm.

Der Unterling tupft dem Zinsknecht seinen Pistolenlauf in den Flauschpullover und fordert:»Los, Alter, komm rüber mit dem Zaster, aber dalli!« Der Kassierer schiebt die Bleipuste zur Seite und bellt:»Du Null, ich geb dir doch kein Bargeld – dann stimmt doch heute Abend meine Kasse nicht!!« Der Räuber heult verzweifelt auf und kräht:»Aber das ist doch das Wesen eines Banküberfalls, du Erbsenzähler. Meinst du denn, ich mache diesen Faschingszauber hier nur zum Spaß?«

Im Hintergrund tuscheln die anderen Kunden.»Hast du das gehört, wie der so daherredet? Sowas Plumpes, Primitives – wahrscheinlich aus Morsum, der Kerl ...?«

Der Bänker hat sich mittlerweile vom Hocker hochgewuchet, beugt sich vor und beäugt die Knarre, die vor ihm herumzittert:»Das ist ja toll, Mensch, 'ne echte Siebenfünfundsechziger Walther von der Vogelweide.« Dabei steckt er seinen Zeigefinger in den Lauf und mit einem satten»Plopp!« schmatzt er ihn wieder raus.»Wie viel hast du denn dafür bezahlt?« Der Desperado freut sich, dass sich endlich mal einer für seinen Beruf interessiert und berichtet eifrig:»Achthundert Eier beim Albaner-Paule umme Ecke. Ich hab' sogar ein Jahr Garantie – ssuper, wa'?« Alle anderen haben mittlerweile die Diskretionslinie überschritten, sie stehen im Halbkreis um den Schalter herum und jeder darf mal die Wumme in die Hand nehmen. Der Bankräuber hat seine Strumpfmaske abgenommen und rubbelt seine blutarme Steckdosennase wieder ins Leben zurück. Man stellt sich einander vor, tauscht Visitenkarten aus und versichert sich des gegenseitigen Respekts.

Ein Pulk Schulschwänzer, die auf dem Weg von McDoof zur Daddelhalle noch schnell ihr Taschengeldkonto plündern wollen, drängeln sich vor und fragen dem Obergauner Löcher in den Bauch. Ob für Bankräuberei eine Ausbildung erforderlich sei, ob er eine eigene Internetseite hätte, auf wie viel Urlaub man Anspruch habe und ob nach der Crime auch ordentlicher Sex stattfände? Toll, dieses Interesse, diese leuchtenden Augen – da behaupte noch einer, wir hätten eine Nullbock-Jugend!

Betroffenheit macht sich breit, als der Strumpfhosen-Hotzenplotz berichtet, dass er die Beute gar nicht für sich hätte verwenden wollen, sondern für seine betagte Mutter. Er wolle ihr zur Weihnacht eine Reise nach Khandahar oder Tora Bora schenken, wo die nächste Folge des Musikantenstadels mit Ernst Moik aufgezeichnet werde. Bleiernes Schweigen legt sich daraufhin über dieses Häufchen Elend im Schatten des unberaubt gebliebenen Bankschalters und die eine oder andere Träne stürzt verzweifelt zu Boden.

Zwei Bankkundinnen, die sich ständig ehrenamtlich einbringen für Menschen, die quasi auf der Schattenseite der Straße darben, beginnen spontan eine Sammlung für den Unhold, der mittlerweile seinen Gesetzesbruch wegen Hilf- und Hoffnungslosigkeit aufgegeben hat. Der eine stiftet seine Schlummermünzen, ein anderer drückt ihm einen Zehn-Euro-Schein in die Hand, immer mehr drängen sich heran mit Weihnachtsgebäck, Apfel, Nuss und Mandelkern und – schwupps – auf einmal wackelt eine lustige Nikolausmütze auf seinem Kopf. Die Resozialisierungsofferten werden immer hanebüchener, der Wenningstedter Hotelier bietet ihm eine Jahresstellung als Weihnachtsmann an, die Witwe Petersen aus Morsum, die nur eine Überweisung hatte abgeben wollen, möchte ihn adoptieren und der Bankdirektor legt ihm einen unterschriftreifen Vertrag als Sicherheitsbeauftragter seines Instituts vor.

Der Geldwühler hinter dem Schalter bekommt die Pistole geschenkt. Er will sie im laufenden Volkshochschulkursus »Acrylgießen im Advent« zu einem netten Briefbeschwerer verharzen und seiner Frau zum Christfest schenken. Na, das ist doch etwas anderes als die mit der Laubsäge gebastelte Salatschleuder des Vorjahrs ...

Sperma für das Sparprogramm

Es ist doch nicht zu fassen: Da lassen die Menschen es sich gefallen, dass irgendwelche uniformierten Unterlinge ihnen in den Schritt fassen, bevor sie ein Flugzeug betreten. Und wenn sie nach Amerika fliegen, dann müssen sie sich fragen lassen, ob sie der SS angehörten, Sprengstoffschuhe tragen oder sich regelmäßig beim Psychiater auf die Couch legen. Um die Lebensversicherung zu einem günstigeren Tarif zu bekommen, lassen sie sich vom Vertrauensarzt den Mittelfinger in den Hintern rammen und für die Finanzierung der Mitgliedschaft im Golfclub wird die Oma im Pflegeheim auch schon mal vom Einzel- ins Vierbettzimmer umgebucht. Wir Sylter unterscheiden uns in dieser Hinsicht nur unwesentlich vom Rest der Menschheit. Das ändert sich schlagartig, wenn wir unseren Personalausweis vorlegen sollen, um als Insulaner 50 Euro bei der Überfahrt mit dem Autozug zu sparen, dann sind gleich die Menschenrechte in Gefahr, unser Hass sucht nach Entladung in Leserbriefen, und der Job des Autozugkontrolleurs wird gefährlicher als eine Nachtstreife in Kabul. Oder ... habe ich mal wieder irgend etwas nicht begriffen?

Natürlich, sie haben wie immer Recht, die Sylter, denn das, was die Bahn da vor hatte, das ging gar nicht. Den Personalausweis vorlegen! Lächerlich! Wie denn? Woher denn? Die Sylter haben doch gar keine Ausweise. Wofür auch? Wenn wir zum Wintersport fahren, nach Kitzbühel auf die Streif, um sich die Menisken auf höchstem Niveau zu zerfasern, dafür benötigen wir doch keinen Lappen. Und für die Fernreise auf die Südhalbkugel besitzen wir selbstverständlich einen Reisepass. Also sind die Forderungen von »Big Brother Bahn« obsolet und alles könnte im Prinzip bleiben wie früher.

Aber ohne die Bahn. Die pocht auf ihr Recht: Wer weiterhin »on the sunny Side of the Verladespur« stehen will, muss nun sogar sein Familienstammbuch vorlegen, um die Berechtigung, in den Genuss des Sylter Sondertarifs zu kommen, nachzuweisen. Sonst droht die Ausplünderung per Normaltarif!

Aber, Leute, das geht doch auch nicht! Die Sylter haben doch gar kein Familienstammbuch. Wie denn auch? Ein Drittel der Sylter ist schwul, ein Drittel ist geschieden und der Rest ist partnerschaftsunfähig. Solche Figuren passen in kein Familienstammbuch!

Erneut erwies sich die Bahn hoch innovativ und brachte den Vorschlag ein, dass man ja mittels Genanalyse seine Sylter Herkunft nachweisen könne. Wenn unter dem Mikroskop die Gene blond und blauäugig hervorblinzeln und womöglich noch nach Makrele riechen, dann wird dem Spender seine insulare Herkunft bestätigt und er erhält Anspruch auf ein Cent-Ticket für den Autozug.

Tolle Idee! Endlich ein kreativer Vorschlag! Doch welche Art von Genmaterial muss ich als Eingeborener einreichen? Ganz klar: Speichel, Blut oder Sperma – alles ist möglich. Reine Geschmackssache. Doch wie sieht das in der Praxis aus? Fährt man locker und entspannt an der Verladerampe vor und kommt dann da ein Eisenbahner mit einem Wattestäbchen und will einen Abstrich machen, ganz hinten im Hals, in Zäpfchennähe? Ich meine, Ersparnis schön und gut – aber weiß ich, was der Eisenbahner vorher schon mit dem Wattepad gemacht hat?

Dieses Verfahren zur Speichelgewinnung scheint also unzumutbar, unpraktikabel. Und Blut? Geht auch nicht, weil dort, wo üblicherweise der edle Saft abgezapft wird, an den Venen der Armbeuge, da ist beim Sylter schon alles vernarbt. Heroin? Wo denken Sie hin?! Aber jedes zweite Wochenende angezwitschert in die Polizeikontrolle und viermal im Jahr zum Blutspenden, das hinterlässt Schorfplatten, in die kriegst du die Kanüle gar nicht mehr rein!

Bleibt also nur noch der kostbarste Saft des Mannes. Doch da stellt sich gleich die Frage: Wie kommen wir an den? Eigentlich kein Problem. Denn was der weiblichen Hälfte der Menschheit jeden Monat aufs Neue gelingt, sollte auch hier keine Hürde sein. Zu diesem Zweck steht jetzt an der Autoverladerampe ein Container mit dezentem Rotlicht ausgestattet, lichtdichten Vorhängen und ein paar bunten, dänischen Magazinen. Und wenn »Mann« erwartungsfroh auf der gentechnischen Verladespur eingeparkt hat, erschallt auch schon die Aufforderung zur »Spendenabgabe«. Dem Kandidaten wird ein Reagenzglas in die Hand gedrückt (»... haben sie nix Größeres, ... hähähä...«) und dann geht's unter dem Gefeixe der Wartenden für drei bis dreißig Minuten in den Container, je nach Zeit, Lust und Laune. Für manch eine verschüttete Libido endlich mal wieder Gelegenheit, aufrecht und freudig erregt ans Werk zu gehen. Auch bekommt die locker und belanglos hingeworfene Bewertung »Autozugfahren finde ich echt geil« nun eine ganz andere Färbung. Erst gestern hörte ich unsere Nachbarin ihren Gatten fragen: »Schatzi, du fährst doch heute aufs Festland. Welche Fähre nimmst du denn?« Und er antwortete ganz verträumt: »Nee, ich nehme den Autozug.« Worauf sie erstaunt erwiderte: »Aber du hast doch gar keinen Personalausweis!« Darauf er: »Ääh, ja, genau darum!«

Die Analyse selbst wird aus Kostengründen vom gentechnischen Leistungskurs des Sylter Gymnasiums vorgenommen. Die haben im vergangenen Jahr den Wettbewerb »Jugend forscht« gewonnen, indem ihnen das die Fachwelt verblüffende Experiment gelang, der gemeinen Möwe ein Nachtigallen-Gen einzumendeln. Wie romantisch sind seitdem die Abende an der Müllhalde – (Romeo: » Nein, Julia, es ist nicht die Lerche und auch nicht die Nachtigall ... es ist die Heringsmöwe!«)

Oh, segensreiches Maklerwesen

Dass auf Sylt das Geld auf der Straße liege, ist eines dieser üblen Gerüchte, die unser Bild in der Welt so verzerren. Dass jedoch dem normalen, in lohnabhängiger Arbeit stehenden Insulaner schon morgens zwischen fünf und sieben Uhr der Wecker rappelt, er dann noch ein wenig auf der Bettkante sitzt, gegen die Erdanziehung kämpft, um sich dann mit einem Ruck tapfer aufzurichten – das sieht der Badegast natürlich nicht. Aber auch unseren Freiberuflern ist der Weg durch den Tag nicht mit Rosen geschmückt oder mit Banknoten gepflastert. Stattdessen müssen sie Fleiß und Kreativität aufwenden, um Geld und Ansehen täglich neu zu erwerben. Und bei diesem permanenten Wettbewerb gibt es nur wenige Hauptgewinner, aber viele, viele Nieten ...

Es war hier auf der Insel vor einiger Zeit üblich, auf einen bestimmten Berufsstand einzuprügeln, ohne dass der sich so recht wehren konnte. Das schmerzt, das ist unsolidarisch und dabei irgendwie typisch deutsch. Denn schließlich ist es ja so, dass die Makler die wahrhaft einzigen sind, die auf Sylt noch die Wohnungsnot bekämpfen. Und darum sollten wir ihnen wehrhaft zur Seite stehen, sobald einer von ihnen Mediendresche erfährt. Das verstehe ich jedenfalls unter »wehrhafter Demokratie«.

Wir könnten uns an anderen Völkern ein Beispiel nehmen. Schauen wir doch mal nach Norwegen oder Japan: Alle Welt ist gegen den Walfang. Nur die Norweger und Japaner nicht. Schon die Erstklässler in diesen Ländern bekommen als Pausenbrot für die Schule einen kleinen Walfisch mit. Das ist doch niedlich! Und nun soll der Walfang verboten werden? Na, da kennen Sie aber die Norweger und Japaner schlecht. Die stehen wie ein Mann hinter ihren Walfängern. Gegen die Proteste aus aller Welt sind sie quasi in den »Walkampf« gezogen. Finde ich bewundernswert, wie diese primitiven Völker zusammenhalten.

Nur hier auf Sylt sind ehrenwerte Kaufleute mal wieder auf sich alleine gestellt, wenn irgendwelche Festländer ihre Neidkübel ausschütten. Wo bleibt denn, bitteschön, eine Initiative »Mein Freund ist Makler«, die den in Not geratenen Mitgliedern dieses Berufszweiges beim bevorstehenden Gang zum Sozialamt Schutz und Beratung gewährt? Wer organisiert Lichterketten für diesen ins dunkle Abseits gedrängten Stand? Niemand – Schweigen im Lande der Egomanen.

Okay, es werden zwar Hilfssendungen zusammengestellt, gebrauchte Kleidung aufgearbeitet und proteinreiche Nahrung gespendet. Aber was macht man damit? Stellt man diese Almosen den Sylter Maklern zur Verfügung, die ausgemergelt durch die Straßen schleichen und beim DRK um eine Suppe betteln müssen? Nichts dergleichen – die Güter werden nach Afghanistan gekarrt! Dabei sollten wir das, was hier läuft, auch mal im historischen Zusammenhang begreifen:

In der heutigen Zeit, in der ein Ausverkauf unserer insularen Heimat droht, ist die Tätigkeit des Maklers heilig. Denn sie schützt uns vor Überfremdung, sie verhindert, dass Hinz und Kunz meinen, sich mit ihrem Bausparvertrag ein Stück Sylt kaufen zu können. Dagegen kämpfen die Makler aufopferungsvoll. Sie machen unsere Heimat lieb und teuer. Wir sehen unsere Umgebung plötzlich mit ganz anderen Augen, wenn wir erfahren, dass die Kate nebenan zweieinhalb Millionen kosten soll, dass für das Geschäftshaus 17 Millionen gefordert und bezahlt werden und das 46-Kubikmeter-Zweiraumloch von gegenüber für locker sechshunderttausend über den Tisch geht.

Das ist doch Wertschöpfung, da wird das Bruttosozialprodukt gesteigert, da kann man endlich wieder sagen: »Ich bin stolz, ein Sylter zu sein!« Aber leider bin ich ein einsamer Rufer in der Wüste, denn hier auf Sylt werden die verkehrten Berufe protegiert. Schauen Sie sich doch mal die landwirtschaftlichen Betriebe auf der Insel an. Die sitzen auf kostbarem Bauerwartungsland und rücken das nicht ‚rüber, sondern ackern und pflügen darauf mit einer Inbrunst herum, dass man meinen möchte, die hätten Spaß daran. Obwohl all das, was die produzieren, auch im Supermarkt zu haben ist.

Nein, es ist mir vollkommen unverständlich, wieso das öffentliche Ansehen, die gesellschaftliche Akzeptanz des Bauernstandes auf Sylt so hoch ist. Morgens um fünf Uhr aufstehen und mit seinem Trecker über die Felder brettern, das kann doch jeder. Aber sich hinzusetzen und mit wunderschönen, prosaischen Texten Bedürftigen knappen Wohnraum zu vermitteln (z.b.:»Mittelhausscheibe - ital. Nachbarn, kinderreich, evtl. das einzige Handicap des Hauses«) das ist genau das, was wir hier auf Sylt benötigen. Und das macht der gute Mann alles für eine Courtage von weit unter 10%, wo wir doch alle wissen, dass in anderen Branchen 100% und mehr draufgeschlagen werden. Aus diesem Grunde stößt das Ansinnen, den Immobilienmaklern die Gemeinnützigkeit zuzubilligen und sie von der Zahlung jedwelcher Steuern zu befreien, auf meine uneingeschränkte Solidarität.

Makler gehören auch deshalb unterstützt, weil sie in Todesfällen erste, einfühlsame Gespräche mit den Erben aufnehmen, noch bevor der Sargdeckel zugeklappt ist. Das ist doch aktive Trauerarbeit, denn man kann Omas Verlust viel leichter verschmerzen, wenn man erfährt, dass der Stammsitz der Familie knapp zwei Mio bringt:»Wenn sie bitte hier unten rechts unterschreiben, ich bin dann auch gleich weg...«.

Wobei zu beachten gilt, dass noch häufiger das Gegenteil eintritt: Der Stammvater gleitet langsam in die ewigen Jagdgründe hinüber, die Angehörigen sitzen am Bett und schauen zu, wie ein gottesfürchtiges Leben verebbt. Die Hinterbliebenen stehen zusammen in stiller Trauer – nur der Junior sitzt im Pesel und nimmt die ersten telefonischen Kontakte mit geldsackreichen Bauträgergesellschaften auf dem Festland auf, um Papas Haus und Hof zu verrubeln.

Nein, ich finde es nicht gut, wenn einer von uns, in diesem Fall ein Sylter Makler, angegriffen wird, nur weil er eine Garage für 1.200 Euro anbietet. Plus Nebenkosten. Ich meine, das ist doch ein fairer Preis. Ich wollte schon zugreifen, da bremste mich meine Frau.

»Diese 1.200 Euro, du Blinder«, fuhr sie mich an, »das ist nicht der Kaufpreis, sondern die Monatsmiete!«

Manfred Degen trat im Charlottenhof auf

Rundumschlag mit Biss und kernigem Mutterwitz

Zum Urlaub nach „Schläfrig-Holstein"

Sylter Kabarettist Manfred Degen erobert die Westküste

Kabarettist nimmt Vermieter aufs Korn

„Gerümpel raus, Touristen rein"

Sylt Abend im Blauen Zelt bisher bestbesuchter Act

Die Hörnumer als Ostfriesen der Insel

ST. PETER-ORDING

(gau)

„Da amüsierst du dich garantiert königlich!" Der Ruf eines begnadeten Humoristen eilt dem Sylter Kabarettisten Manfred Degen an der Westküste längst voraus.

Neues von Olli und anderen Sylter Originalen

Manfred Degen begeisterte 200 Zuhörer in Hohenwestedt

Sylter und Festländer kräftig auf die Schippe genommen

Da blieb kein Auge trocken

Schon fast "kultig": Die Nacht mit Manfred Degen im Zelt

Der "Softsatiriker" zeigte Krallen

Sylter Kabarettist nimmt die Insel der „Reichen und Schönen" ganz schön auf die Schippe

Ausweiskontrolle am Autozug

SYLT

Eine Karriere wie aus dem Bilderbuch

Er ist der Sanfte unter den Fiesen und ein großer Charmeur. Morgen abend feiert der Ex-Bundesbahner Manfred Degen sein 10-jähriges Bühnenjubiläum als Insel-Kabarettist.

à la Degen

Vom Schalterbeamten zum Profi-Comedian

Sylt — Die Traum-Karriere vom Tellerwäscher zum Millionär hat es auf Sylt mit Sicherheit schon gegeben. Vom Schalterbeamten zum Profi-Comedian hat es aber wohl nur einer geschafft: Manfred Degen verfasste vor zwölf Jahren

Manfred Degen, der Sylt-Satiriker, im Spiegel der Presse . . .

»FREIE REPUBLIK SYLT *ist für den Insulaner ein Wegweiser zur Selbsterkenntnis. Unerläßlich für den vorausschauenden Urlauber, der sich rechtzeitig mit den sprachlichen Besonderheiten und den Alltags- und Festtagsritualen der Sylter vertraut machen will.*«
SYLTER SPIEGEL, DEZ. '91

»*Fröhlicher Blödsinn, der scharfe Blick auf den Alltag, eine große Portion Menschenkenntnis, Detailgenauigkeit und eine lockere Schreibe kennzeichnen den Autor... grelle Glosse, liebevoll spöttelnde Charakterisierung und nachdenkliche Zwischenrufe prägen die Kapitel...*«
LÜNEBURGER LANDESZEITUNG

»*...sorgt auf der Insel für helle Aufregung... der absolute Bestseller... Realsatire und Klamauk, manchmal um die Ecke gedacht und manchmal ganz direkt...*«
NDR 1

»*Freche Denkanstöße, temperamentvolle, verbale Auseinandersetzung und Freude am Absurden... sprachlich läuft Degen hier zur Hochform auf...*«
SYLTER RUNDSCHAU

»*...die Autonomie scheint die Lösung für viele Probleme zu sein. Vorbei wäre dann die ewige Bettelei. Die 'Freie Republik Sylt', ein Staat, der endlich kommen muß...*«
SAT 1

»*Insel-Scheibner in voller Fahrt... Alle bekamen ihr Fett weg, Politiker aller Couleurs, die Festländer, die Gäste und natürlich die Sylter selbst...*«
NIEBÜLLER TAGEBLATT

»*...unterhielt sein Publikum mit deftigem Witz, trockener Satire und feinsinnig-hintergründigen Monologen... die Besucher unterhielten sich köstlich*«
GOSLARSCHE ZEITUNG

Der Live-Auftritt:

„Voll auf Kurs" heißt das aktuelle Kabarett-Programm von Manfred Degen. Regelmäßig tritt er damit während der Saison in den Kursälen von Wenningstedt und Westerland auf, ein Pflichtprogramm für alle Satireliebhaber und kulturbeflissenen Gäste. Ratsam ist es, sich rechtzeitig Karten zu besorgen, will man nicht Gefahr laufen, draußen vor der Tür zu bleiben...

Degens Stärke sind seine Ausstrahlung, seine Präsenz und vor allem sein Thema: Sylt!

... das Zelt begann zu kochen, die Rotationsgeschwindigkeit der Deckenpropeller mußte erhöht werden, um die Begeisterung auf ein erträgliches Maß herunterzufächeln. 5-Sterne-Amüsement, Prädikat köstlich.

... jetzt knallte jede Pointe, der Künstler hatte seine Zuschauer im Griff - einem Schoßkind der Götter gelingt halt alles ...

SYLTER SPIEGEL JULI 96

... vor dem Westerländer Kursaal blühte der Schwarzmarkt: 29 ausverkaufte Veranstaltungen in Folge - das gab es auf Sylt noch nie.

SYLTER RUNDSCHAU SEPT. 96

Der Internet-Auftritt:

Endlich ein Grund, ins Netz zu gehen, denn unter:

www.Manfred-Degen.de

können Sie beim Sylt-Satiriker mit Lust, Laune und Spaß herumstöbern:

>   Tourneetermine
>   Pressespiegel
>   Leseprobe
>   Buchbestellungen
>   Gästebuch

Und ganz wichtig: Ihre Meinung ist gefragt!
www.Manfred-Degen. de   www.kim-schmidt.de